SENDEROS 4
Spanish for a Connected World

Practice Workbook

© by Vista Higher Learning, Inc. All rights reserved.

Student Text ISBN: 978-1-68005-342-5

3 4 5 6 7 8 9 DR 25 24 22 21

Table of Contents

Lección 1

Contextos	1
Fotonovela	4
Estructura 1.1	6
Estructura 1.2	10
Estructura 1.3	14
Gramática adicional: Estructura 1.4	18
Gramática adicional: Estructura 1.5	19
Atando cabos: Lectura	20
Atando cabos: Composición	21

Lección 2

Contextos	23
Fotonovela	26
Estructura 2.1	28
Estructura 2.2	32
Estructura 2.3	36
Gramática adicional: Estructura 2.4	40
Gramática adicional: Estructura 2.5	41
Atando cabos: Lectura	42
Atando cabos: Composición	43

Lección 3

Contextos	45
Fotonovela	48
Estructura 3.1	50
Estructura 3.2	54
Estructura 3.3	58
Gramática adicional: Estructura 3.4	62
Atando cabos: Pronunciación	63
Atando cabos: Lectura	64
Atando cabos: Composición	65

Lección 4

Contextos	67
Fotonovela	70
Estructura 4.1	72
Estructura 4.2	76
Estructura 4.3	80
Gramática adicional: Estructura 4.4	84
Atando cabos: Lectura	85
Atando cabos: Composición	86

Lección 5

Contextos	87
Fotonovela	90
Estructura 5.1	92
Estructura 5.2	96
Estructura 5.3	100
Gramática adicional: Estructura 5.4	104
Atando cabos: Lectura	105
Atando cabos: Composición	106

Lección 6

Contextos	107
Fotonovela	110
Estructura 6.1	112
Estructura 6.2	116
Estructura 6.3	120
Gramática adicional: Estructura 6.4	124
Atando cabos: Pronunciación	125
Atando cabos: Lectura	126
Atando cabos: Composición	127

Contextos

Lección 1
Las relaciones personales

1. Palabras Escribe la palabra que corresponde a cada definición.

_____ 1. alguien que no dice la verdad

_____ 2. alguien que es muy afectuoso y que muestra las emociones fácilmente

_____ 3. alguien que no es sincero

_____ 4. cuando una persona sale con alguien

_____ 5. una persona que siente vergüenza al hablar con otras personas

_____ 6. el estado civil de alguien que vive en matrimonio

_____ 7. dar señales para atraer a alguien

_____ 8. una persona que no está casada

_____ 9. encuentro con una persona que no conoces

_____ 10. una persona con el estado de ánimo muy bajo

2. Opuestos Escribe el antónimo de estas palabras o expresiones.

1. agobiado _____
2. casado _____
3. pasarlo bien _____
4. salir con alguien _____
5. tacaño _____

3. No, no es verdad Lucía y Daniela nunca se ponen de acuerdo. Cuando Lucía dice algo, Daniela siempre le contesta diciendo lo contrario. Escribe lo que contesta Daniela según el modelo.

> **modelo**
> **LUCÍA** ¡Carlos es insensible!
> **DANIELA** *No, no es verdad. Carlos es sensible.*

1. **LUCÍA** Fermín y Carla se odian.
   DANIELA _____
2. **LUCÍA** Fermín es muy inseguro.
   DANIELA _____
3. **LUCÍA** Carla está muy ansiosa.
   DANIELA _____
4. **LUCÍA** Ellos están divorciados.
   DANIELA _____
5. **LUCÍA** Ellos se llevan fatal.
   DANIELA _____

Nombre _____ Fecha _____

Lección 1

4 **Oraciones incompletas** Elige la palabra apropiada para completar cada definición.

1. Una persona que impone reglas muy estrictas es _____.
   a. autoritaria   b. emocionada   c. graciosa

2. Alguien que se siente siempre triste es una persona _____.
   a. ansiosa   b. deprimida   c. tacaña

3. A una persona _____ no le gusta gastar su dinero.
   a. falsa   b. cariñosa   c. tacaña

4. Alguien es _____ cuando no dice la verdad.
   a. maduro   b. orgulloso   c. mentiroso

5. Alguien es _____ cuando piensa mucho y toma decisiones lógicas.
   a. sensato   b. sensible   c. permisivo

5 **Completar** Completa cada analogía con la palabra adecuada.

1. pasarlo bien : discutir :: adorar : _____

2. cuidado : cuidadoso :: cariño : _____

3. salir con : romper con :: estar casado : _____

4. casados : boda :: novios : _____

6 **Relaciones** Usa las palabras y frases de la lista para formar oraciones sobre personas que tú conozcas.

cuidar	hacerle caso a alguien	pasarlo bien
discutir	llevar… años de casados	salir con
estar harto de	mantenerse en contacto	soportar a alguien

1. Mis padres **llevan** veinte **años de casados**. Aunque a veces **discuten**, ellos se adoran y tienen una buena relación.

2. _____

3. _____

4. _____

5. _____

6. _____

2 Lección 1 Contextos Activities   © by Vista Higher Learning, Inc. All rights reserved.

Nombre _____ Fecha _____

7 **Identificar** Marta va a leer una breve descripción de su prima Caro. Marca los adjetivos que escuches en su descripción.

> ____ cariñosa   ____ madura
> ____ falsa   ____ mentirosa
> ____ graciosa   ____ orgullosa
> ____ harta   ____ preocupada
> ____ insensible   ____ tacaña
> ____ insensata   ____ tranquila

8 **No entiendo** Vuelve a escuchar lo que dice Marta de Caro e indica si lo que dicen las oraciones es cierto o falso.

	Cierto	Falso
1. Marta está feliz de vivir con Caro.	❏	❏
2. Caro es falsa.	❏	❏
3. Marta siempre termina pagando la comida.	❏	❏
4. Vivir con Caro es muy fácil.	❏	❏
5. Caro es muy madura.	❏	❏

9 **Una carta muy especial** Rosa, una psicóloga, tiene un programa de radio en el que da consejos sobre problemas sentimentales. Escucha mientras Rosa lee una carta de sus oyentes. Después, completa las oraciones con la opción correcta.

1. La persona que escribe la carta es ____.
   a. un chico joven   b. un señor mayor   c. una abuelita

2. Antonio está ____.
   a. ansioso   b. casado   c. viudo

3. Los amigos de Antonio ____.
   a. son geniales   b. no tienen experiencia   c. siempre tienen
                               en temas sentimentales   vergüenza

4. Antonio piensa que ____.
   a. su novia está agobiada   b. su novia coquetea   c. su novia odia a
      por Juan Carlos   con Juan Carlos   Juan Carlos

5. Antonio no quiere hablar con Juan Carlos sobre este problema porque ____.
   a. Juan Carlos es sensible   b. Antonio es tímido   c. Antonio es orgulloso

6. Antonio ____.
   a. no quiere discutir con   b. quiere discutir   c. quiere discutir con
      su novia   con Juan Carlos   sus amigos

¡Bienvenida, Mariela!

Antes de ver el video

1 **¿Qué están diciendo?** En la primera lección, los empleados de la revista *Facetas* conocen a Mariela, una nueva compañera de trabajo. Observa esta imagen y haz predicciones sobre lo que está ocurriendo.

Mientras ves el video

2 **Completar** Completa las conversaciones con lo que escuchas en el video.

1. **JOHNNY** En estos momentos _____ en el _____.
   DIANA ¡No! Di que _____ _____ con un cliente.
2. **JOHNNY** Jefe, _____ un mensaje de Mariela Burgos.
   AGUAYO _____ a reunirse con nosotros.
3. **JOHNNY** Perfecto. Soy el _____ Juan Medina.
   ÉRIC _____ a *Facetas*, señor Medina.
4. **AGUAYO** Hay que ser _____ al contestar el teléfono.
   DIANA Es una _____.
5. **DIANA** Me han hablado tanto de ti que estoy _____ por conocer tu propia versión.
   MARIELA Estudio en la UNAM y _____ de una familia grande.
6. **FABIOLA** ¿Qué te _____?
   ÉRIC Creo que es bella, _____ e inteligente.

3 **¿Quién hace esto?** Escribe el nombre de los personajes que hacen estas acciones.

1. Ordena una pizza. _____
2. Le presenta el equipo de empleados a Mariela. _____
3. Contesta el teléfono. _____
4. Da su opinión sobre Mariela. _____
5. Hacen una demostración de cómo recibir a un cliente. _____

Nombre _____ Fecha _____

Después de ver el video

4 **Corregir** Estas oraciones son falsas. Reescríbelas con la información correcta.

1. Diana les da a sus compañeros copias de la revista *Facetas*.
   _____
2. Aguayo les explica a sus empleados cómo contestar una carta.
   _____
3. Mariela ordena una pizza porque tiene hambre.
   _____
4. Mariela viene de una familia pequeña de sólo dos hijos.
   _____
5. Al final, Fabiola y Éric hablan de comida.
   _____

5 **En tu opinión** Contesta estas preguntas.

1. ¿Crees que Johnny y Éric deben cambiar sus actitudes en el trabajo? Explica.
   _____
   _____
2. ¿Qué empleado/a de la oficina es más serio/a? ¿Quién es el/la más divertido/a? ¿Por qué?
   _____
   _____
3. ¿Cuál de los personajes tiene el trabajo más interesante? ¿Por qué?
   _____
   _____
4. ¿Cómo es la relación de los empleados con Aguayo? Explica tu respuesta.
   _____
   _____
5. Mariela tiene una familia muy grande. ¿Y tú? ¿Cómo es tu familia?
   _____
   _____

6 **Escribir** Hay seis personajes principales en el video. Elige a dos de ellos y luego escribe una descripción que incluya características físicas, de la personalidad y tu impresión personal de cada uno. Escribe al menos tres oraciones sobre cada uno.

_____
_____
_____
_____
_____
_____
_____

Estructura

1.1 The present tense

1 **Conclusiones erróneas** Emilia tiene la mala costumbre de sacar conclusiones con mucha rapidez y por eso saca conclusiones erróneas. Completa las ideas y las conclusiones erróneas de Emilia.

1. Mi amiga no **tiene** hermanos y se **siente** sola.

   Yo no _____ hermanos y me _____ sola.

   Tú no _____ hermanos y te _____ solo.

   Conclusión: Todas las personas que no _____ hermanos se _____ solas.

2. Tú te **mantienes** en contacto con tus amigos de la escuela.

   Mis amigos y yo nos _____ en contacto.

   Mi abuela y su mejor amiga de la infancia todavía se _____ en contacto.

   Conclusión: Todos los amigos se _____ en contacto.

3. Yo me **llevo** bien con mi hermano.

   Tú te _____ bien con tu hermano.

   Mis padres se _____ bien con sus hermanos.

   Conclusión: Todos los hermanos se _____ bien.

4. Yo siempre les **hago** caso a mis padres.

   Tú siempre les _____ caso a tus padres.

   Mi amigo Guillermo siempre les _____ caso a sus padres.

   Conclusión: Todos los hijos les _____ caso a sus padres.

2 **Excusas** Juan quiere salir con Marina, pero ella no está muy interesada. Completa la conversación entre ellos con la forma correcta de los verbos entre paréntesis.

JUAN ¿(1) _____ (Querer) salir conmigo esta tarde?

MARINA No, gracias, esta tarde (2) _____ (salir) con una amiga.

JUAN ¿Adónde (3) _____ (ir) a ir ustedes?

MARINA Yo no lo (4) _____ (saber) todavía.

JUAN ¿Cuándo (5) _____ (pensar) tú que lo vas a saber?

MARINA Nosotras (6) _____ (tener) que ir antes a casa de Andrea, pero yo (7) _____ (creer) que vamos a ir al cine.

JUAN De acuerdo, pero nosotros (8) _____ (poder) hacer planes para mañana.

MARINA Yo (9) _____ (tener) mucha tarea y además (10) _____ (estar) muy preocupada por mi amiga. Ella (11) _____ (estar) deprimida.

JUAN ¿Qué (12) _____ (poder) hacer yo para ayudarla?

MARINA Hmm... La verdad es que no (13) _____ (ver) cómo tú podrías ayudarla, pero gracias.

Nombre _____ Fecha _____

3 **¡Pobre Manuel!** Manuel está enojado. Le molestan algunas cosas que hacen su familia y sus amigos. Completa las oraciones usando los verbos entre paréntesis para explicar por qué Manuel está enojado.

1. Manuel está enojado con su novia porque...

   (saber) _____

   (dormir) _____

2. Manuel está enojado con sus amigos porque...

   (estar) _____

   (tener) _____

3. Manuel está enojado con su vecina, doña María, porque...

   (decir) _____

   (hacer) _____

4. Manuel está enojado con Andrés y Luisa porque...

   (discutir) _____

   (traer) _____

4 **Primer contacto** Mariana y Jorge se conocieron en Internet y después comenzaron a intercambiar mensajes por correo electrónico. Completa sus primeros mensajes con los verbos de la lista.

creer	estudiar	preferir	salir	tomar
dirigir	pensar	querer	tener	trabajar

¡Hola, Mariana! Como ya sabes, soy periodista y (1) _____ la sección de cultura de una revista. (2) _____ una perra que se llama Lola. No (3) _____ mucho porque siempre estoy trabajando. (4) _____ que eres una mujer muy interesante. Espero conocerte en persona pronto.

Hola, Jorge, gracias por tu mensaje. Tengo 25 años, ¿y tú? (5) _____ economía en la UNAM; además, (6) _____ clases de estadística. También (7) _____ en un banco en la Ciudad de México. (8) _____ a los hombres inteligentes y seguros, y (9) _____ que eres así. Yo también (10) _____ conocerte en persona pronto.

5 **La primera cita** Tomás y Sandra salen juntos por primera vez. Cuenta qué sucede en su primera cita. Usa al menos seis verbos de la lista en tiempo presente.

caminar	compartir	hablar	ir	salir
comer	dar	hacer	pedir	trabajar

_____
_____
_____
_____

Nombre _____ Fecha _____

Lección 1

6 Mi nuevo compañero de clase Completa el párrafo con la forma apropiada de los verbos entre paréntesis.

Mi nuevo compañero de clase (1) _____ (ser) muy simpático. Siempre que (2) _____ (salir), me invita a salir con él, por lo que yo ya (3) _____ (conocer) a mucha gente. (4) _____ (Parecer) que él siempre lo está pasando bien, hasta cuando nosotros (5) _____ (estar) en la clase de matemáticas. Por la tarde, después de clase, él (6) _____ (proponer) actividades —por ejemplo, a veces (7) _____ (ir) al parque a jugar al fútbol— así que nunca nos aburrimos. Yo ya (8) _____ (saber) que nos vamos a llevar bien durante todo el año. (9) _____ (Pensar) invitarlo a mi casa para las fiestas, así mis padres lo (10) _____ (poder) conocer también.

7 Tus actividades Escribe cuatro actividades que realizas normalmente en cada uno de estos momentos del día: la mañana, la tarde y la noche.

Mañana:
_____
_____
_____
_____

Tarde:
_____
_____
_____
_____

Noche:
_____
_____
_____
_____

8 Diez preguntas Trabaja con un(a) compañero/a a quien no conozcas muy bien. Primero, cada persona debe escribir diez preguntas para conocer a su compañero/a. Luego, háganse las preguntas. Después, intercambien sus listas y háganse las preguntas de la otra persona. Compartan sus respuestas con la clase.

9 Nueva compañera Marta está buscando una nueva integrante para su club de fotografía. Escucha los mensajes que dos candidatas le han dejado y relaciona cada cualidad con la persona adecuada.

CANDIDATAS	Andrea	Yolanda
es tranquila		
come en la cafetería		
estudia mucho		
es activa		

10 Para conocernos mejor Marta y Yolanda han decidido salir juntas el viernes por la tarde para conocerse mejor. Escucha su conversación dos veces y después completa las oraciones.

1. Marta y Yolanda están leyendo _____.
   a. una revista de chismes   b. el periódico   c. un folleto de la ciudad
2. Marta lee el periódico _____.
   a. para ver qué pueden hacer el viernes   b. para leer las noticias policiales   c. para relajarse
3. El viernes por la noche, Yolanda quiere _____.
   a. salir con amigos   b. ir a la discoteca   c. ir al teatro
4. Hablando de dinero, Yolanda _____.
   a. quiere pagar los boletos   b. puede pagar boletos caros   c. no quiere pagar boletos caros
5. Marta dice que los boletos para el teatro los puede conseguir _____.
   a. su padre   b. su amigo Raúl   c. su madre
6. Van a cenar _____.
   a. a la casa de Marta   b. a un restaurante elegante   c. al restaurante de Raúl
7. La próxima vez que salga con Marta, Yolanda _____.
   a. va a organizar otra salida   b. va a dejar a Marta hacer los planes   c. va a mirar televisión
8. Marta y Yolanda _____.
   a. se llevan mal   b. no se caen bien   c. se llevan muy bien

1.2 Ser and estar

1 **¿Ser o estar?** Completa el párrafo con la forma apropiada de ser y estar.

Daniel (1) _____ hablando por teléfono con su primo Ernesto. Ernesto (2) _____ deprimido porque su novia (3) _____ muy lejos: ella (4) _____ en los EE.UU. Su situación (5) _____ complicada porque Ernesto (6) _____ de México, y su novia (7) _____ estadounidense y vive en Miami. Ellos (8) _____ muy enamorados, pero no (9) _____ felices. Ernesto (10) _____ pensando en ir a estudiar a Miami este verano y le pregunta a su primo Daniel si (11) _____ una buena idea. ¿Qué consejos le dará Daniel a su primo?

2 **Elegir** Selecciona la opción con el mismo significado que la oración original.

1. A Juan no le gusta mucho la clase de italiano.
   a. Juan es aburrido.   b. Juan está aburrido.

2. Juan se va de vacaciones con su familia. Ya tiene todo en orden. Quiere salir ahora.
   a. Juan es listo.   b. Juan está listo.

3. ¡Este jamón tiene un olor extraño!
   a. El jamón es malo.   b. El jamón está malo.

4. Estas naranjas no han madurado (*have not ripened*).
   a. Las naranjas están verdes.   b. Las naranjas son verdes.

5. Las chicas siempre suspiran (*sigh*) cuando ven a Juan.
   a. Juan es guapo.   b. Juan está guapo.

6. Juan es un chico muy activo; tiene planes para toda la semana, pero no para el sábado.
   a. Juan es libre el sábado.   b. Juan está libre el sábado.

3 **Primer día de clase** Completa el párrafo con la forma apropiada de ser y estar.

(1) _____ las 7:00 de la mañana y Lucía todavía (2) _____ en la cama. Hoy (3) _____ su primer día de clase en una nueva escuela y tiene que (4) _____ ahí a las 8:00. Mira por la ventana y (5) _____ nublado. Se prepara rápidamente y a las 7:30 ya (6) _____ lista. Lucía no sabe dónde (7) _____ la escuela nueva, pero su padre la acompaña en carro. Sus nuevos compañeros (8) _____ tomando un examen, pero la profesora les dice que pueden saludar a Lucía. Ella piensa que todos (9) _____ simpáticos. La nueva escuela (10) _____ muy grande y tiene muchos estudiantes. Lucía (11) _____ un poco nerviosa, pero (12) _____ contenta y cree que éste (13) _____ un buen lugar para estudiar. Finalmente, Lucía llega a casa a las seis de la tarde y (14) _____ muy cansada, pero sabe que el primer día de escuela siempre (15) _____ difícil.

Nombre _____ Fecha _____

4 El consultorio
Lee la carta que un consejero sentimental le envía a Julia y completa las oraciones con la forma correcta de **ser** y **estar**.

Querida Julia:

Tu caso no (1) _____ único, (2) _____ muy frecuente. Hay personas que (3) _____ insensibles a los sentimientos de los demás y tu novio (4) _____ una de esas personas. Él dice que (5) _____ agobiado con los estudios y que (6) _____ deprimido. No sale contigo porque (7) _____ estudiando y cuando sale contigo siempre (8) _____ coqueteando con otras chicas. Sé que tú (9) _____ pasando por un momento difícil, pero tienes que darte cuenta de que tu novio no (10) _____ sincero contigo. Te aconsejo que rompas con él. Julia, tú (11) _____ una buena chica y pronto vas a (12) _____ lista para empezar una nueva relación.

5 La carta
Imagina que tú eres Julia. Escribe la carta que ella le escribió al consejero sentimental. Usa **ser** y **estar** en cinco oraciones.

Estimado consejero sentimental:
Necesito su consejo porque tengo problemas en mi relación. Mi novio…

_____
_____
_____
_____
_____

Atentamente,
Julia

6 Blog
Escribe una entrada de blog sobre ti. Describe tu personalidad y tu estado de ánimo actual (*present*). Usa **ser** y **estar** y el vocabulario de la lección.

_____
_____
_____
_____
_____
_____
_____
_____

7 Correo electrónico Completa este correo electrónico con la forma adecuada de **ser** o **estar**.

De:	susana_fernandez16@micorreo.es
Para:	carlos_rom_95@micorreo.es
Asunto:	¡Hola!

¡Hola, Carlos!

Yo (1) _____ muy preocupada porque tenemos un examen mañana en la clase de español y el profesor (2) _____ muy exigente. Ahora mismo mi amiga Ana (3) _____ estudiando en la biblioteca y voy a encontrarme con ella para que me ayude. Ella (4) _____ una estudiante muy buena y sus notas siempre (5) _____ excelentes.

Este fin de semana hay un concierto. Mis amigos y yo (6) _____ muy contentos porque el grupo que toca (7) _____ muy famoso. Elena también quería ir al concierto, pero no puede porque (8) _____ enferma y debe quedarse en cama.

Bueno, antes de ir a la biblioteca voy a almorzar en la cafetería porque (9) _____ muerta de hambre.

¡Hasta pronto!
Susana

8 En el parque Mira la ilustración y contesta las preguntas usando **ser** y **estar**. Puedes inventar las respuestas para algunas de las preguntas.

1. ¿Quién es cada una de estas personas?
2. ¿Qué están haciendo?
3. ¿Cómo están?
4. ¿Cómo son?

9 Una cita Mañana vas a tener una cita con una persona maravillosa. Quieres contárselo a tu mejor amigo/a y quieres pedirle consejos. Tu amigo/a es muy curioso/a y te va a hacer muchas preguntas. En parejas, representen la conversación. Estos son algunos de los aspectos que pueden incluir.

Tu amigo quiere saber:
- cómo te sientes antes de la cita
- qué crees que va a pasar
- cómo es el lugar adonde van a ir
- cómo es la persona con quien vas a tener la cita

Tú quieres consejos sobre:
- qué ropa ponerte
- los temas de los que hablar
- adónde ir
- quién debe pagar la cuenta

Nombre _____ Fecha _____

10 **De vacaciones** Pedro y su novia Leticia están de vacaciones. Mira el dibujo y marca **cierto** o **falso** para cada oración que escuches. Si es falsa, corrígela y escribe la oración cierta con **ser** o **estar**.

	Cierto	Falso	
1.	☐	☐	_____
2.	☐	☐	_____
3.	☐	☐	_____
4.	☐	☐	_____
5.	☐	☐	_____
6.	☐	☐	_____

11 **Aprendiendo español** Alan está estudiando español este semestre, pero no sabe cuándo debe usar **ser** y cuándo debe usar **estar**. Escucha a Alan mientras lee las oraciones que ha escrito para su composición y elige el verbo correcto después de escuchar cada frase.

1. Soy / Estoy
2. soy / estoy
3. somos / estamos
4. son / están
   soy / estoy

5. ser / estar
6. es / está
7. es / está
8. somos / estamos

12 **¿Qué significa?** Escucha cinco oraciones y elige el significado correcto para cada una.

1. a. Esta fruta es de color verde.
   b. Esta fruta no debe comerse todavía.
2. a. Me quiero ir. No me gustan las fiestas.
   b. Me quiero ir. No me gusta esta fiesta.
3. a. Ese actor no ha muerto.
   b. Ese actor es rápido e inteligente.
4. a. Esos zapatos le quedan bien a una persona alta como tú.
   b. Esos zapatos hacen que te veas más alta.
5. a. Mi niña se porta mal.
   b. Mi niña está enferma.

1.3 Progressive forms

1 **¡Qué desconcierto!** Martín, el representante de un grupo musical, iba a reunirse con los músicos, pero solamente un miembro del grupo apareció en la reunión. Completa su conversación con el gerundio de los verbos entre paréntesis.

GUILLE ¿Qué anda (1) _____ (buscar), jefe?

MARTÍN Al grupo. Hace media hora que debían estar aquí.

GUILLE Están (2) _____ (descansar), jefe. Anoche estuvimos (3) _____ (trabajar) hasta tarde.

MARTÍN ¡Me estoy (4) _____ (poner) nervioso! Tenemos que ensayar el nuevo tema. ¿Qué están (5) _____ (hacer)?

GUILLE Juan está (6) _____ (dormir). Se acostó al mediodía.

MARTÍN ¡Ese muchacho sigue (7) _____ (ser) un irresponsable! No sé por qué lo sigo (8) _____ (soportar).

GUILLE No se enoje, jefe. Juan está (9) _____ (tocar) muy bien la guitarra estos días.

MARTÍN ¿Qué me dices de Karina?

GUILLE Hace media hora estaba (10) _____ (leer) una novela en la biblioteca.

MARTÍN ¿Y la cantante? ¿Dónde está (11) _____ (perder) el tiempo?

GUILLE Está (12) _____ (comer).

MARTÍN ¿Otra vez? ¡No podemos seguir a este ritmo!

2 **Oraciones** Elige seis de las personas o grupos de personas de la lista y para cada una escribe una oración completa con **estar** + [*gerundio*] para explicar lo que están haciendo ahora mismo.

mi hermano/a	mi tío/a
mi madre	mi profesor(a) de español
mi mejor amigo/a	mi vecino/a
nosotros	yo

1. _____
2. _____
3. _____
4. _____
5. _____
6. _____

Nombre _____ Fecha _____

3 Muchas preguntas Completa esta conversación entre dos amigas. ¡Una de ellas es muy preguntona! Usa el presente progresivo de los verbos entre paréntesis.

SARA ¿A quién _estás llamando por teléfono_ (llamar por teléfono)?

ANA A nadie. ¡Sólo tengo mi celular para llamarte a ti!

SARA ¿En qué (1) _____ (pensar)?

ANA _____ en el fin de semana. Quiero ir a un concierto con unos amigos.

SARA ¿Qué (2) _____ (leer)?

ANA _____ una novela de Mario Benedetti.

SARA ¿Qué (3) _____ (beber)?

ANA _____ una soda.

SARA ¿Qué (4) _____ (escribir)?

ANA _____ unos apuntes para el ensayo de literatura.

SARA ¿De qué te (5) _____ (reír)?

ANA ¡Me _____ de tus preguntas!

4 Describir Usa los verbos de la lista para describir lo que están haciendo estas personas.

| cerrar | comprar | hacer gimnasia |
| comer | dormir | mostrar |

1. _Las niñas están durmiendo._

2. Tomás _____

3. Nosotros _____

4. Marcela _____

5. Julieta _____

6. Mi hermana _____

5 **¿Qué están haciendo?** Escribe oraciones para explicar qué está haciendo cada persona. Utiliza elementos de las tres columnas.

tú		divertirse
el presidente de los EE.UU.		viajar en avión
tus padres	(no) estar	comer en un restaurante
tu mejor amigo/a		asistir a un estreno (*premiere*)
Penélope Cruz		bailar en una discoteca
nosotros		hablar por teléfono

_____
_____
_____
_____
_____

6 **Seguimos escribiendo** Vuelve a escribir las oraciones usando los verbos **andar, continuar, ir, llevar, seguir** o **venir**. La nueva oración debe expresar la misma idea.

1. José siempre dice que es tímido, pero no deja de coquetear con las chicas de la clase.

2. Mis padres llevan veinte años de casados, pero su amor es tan intenso como siempre.

3. Hace cinco meses que Carlos se pelea con su novia todos los días y todavía habla de ella como si fuera la única mujer del planeta.

4. Daniel siempre se queja de que los estudios lo agobian y hace meses que su mamá le dice que tiene que relajarse.

5. Mis padres repiten todos los días que pronto van a mudarse a una casa más pequeña.

6. Conversamos mucho tiempo mientras esperábamos la llegada de nuestros tíos.

7 **Adivina qué estoy haciendo** En grupos de cuatro, jueguen a las adivinanzas con mímica (*charades*). Por turnos, cada persona debe hacer gestos para representar una acción sencilla. Las otras personas tienen que adivinar la acción, usando el presente progresivo. Sigan el modelo.

modelo
ESTUDIANTE 1 *(Sin decir nada, hace gestos para mostrar que está manejando un carro.)*
ESTUDIANTE 2 ¿Estás peleando con alguien?
ESTUDIANTE 3 ¿Estás manejando un carro?
ESTUDIANTE 1 ¡Sí! ¡Estoy manejando un carro!

Nombre _____ Fecha _____

8 **La exnovia de Jorge** Escucha la conversación entre Gonzalo y Jorge, y después indica si estas oraciones son **ciertas** o **falsas**.

	Cierto	Falso	
1.	☐	☐	Jorge siempre está descansando o durmiendo.
2.	☐	☐	Gonzalo nunca mira por la ventana.
3.	☐	☐	Jorge y Gonzalo tienen una personalidad muy diferente.
4.	☐	☐	Jennifer López está paseando por la calle.
5.	☐	☐	Susana y Jorge se llevan muy bien.
6.	☐	☐	El chico argentino del tercer piso siempre se peleaba con Susana.

9 **¿Qué está pasando?** Vuelve a escuchar la conversación entre Gonzalo y Jorge y completa las oraciones según la información que escuchaste.

> no / buscar   mirar la tele   pasear
> caminar   mirar por   saludar
> hablar   la ventana

1. Mientras Jorge está en el sofá, Gonzalo _____.
2. Gonzalo piensa que Jorge siempre _____.
3. Gonzalo _____ a nadie.
4. Susana _____ por la calle.
5. Gonzalo dice que Susana _____.
6. Mientras habla con Jorge, Gonzalo _____.
7. El chico argentino del tercer piso y Susana _____.

10 **Preguntas** Marcela es muy chismosa y siempre anda preguntando qué están haciendo los demás. Su amigo Carlos contesta todas sus preguntas. Sigue el modelo y después repite la respuesta correcta.

> **modelo**
> *Tú escuchas:* ¿Qué están haciendo Diana y Marcos?
> *Tú lees:* estar / jugar / baloncesto
> *Tú contestas:* Están jugando baloncesto.

1. venir / criticar / a sus compañeras
2. seguir / leer / su revista
3. ir / caminar / por el corredor
4. llevar / bailar / tres horas
5. seguir / hablar / sin parar
6. andar / responder / todas tus preguntas

Gramática adicional

1.4 Nouns and articles

1 Completar Escribe en plural las palabras que están en singular, y en singular las que están en plural.

1. los amigos belgas _____
2. el espacio común _____
3. la antigua ciudad _____
4. una estudiante inteligente _____
5. los profesores españoles _____
6. una pareja feliz _____

2 Una descripción Completa esta descripción con el artículo correspondiente. Si no es necesario usar un artículo, escribe X.

Tengo 17 años y soy estudiante. Soy (1) _____ chico tranquilo y disciplinado. Me gusta (2) _____ naturaleza y no tengo (3) _____ problemas con mis vecinos. Me gusta ir al cine y no me gusta (4) _____ fútbol. Tengo buen humor por (5) _____ mañanas y mejor humor por (6) _____ tardes. Vivo con mi familia en (7) _____ apartamento en (8) _____ quinto piso de (9) _____ edificio muy moderno en Miami. Sólo tengo (10) _____ pequeño problema: mi perro. Algunos dicen que tiene mal (11) _____ carácter. Yo creo que es (12) _____ buen animal, pero se siente solo a veces.

3 Exageraciones Lee estas afirmaciones exageradas y responde siguiendo el modelo.

> **modelo**
> Éstos son los mejores carros del planeta.
> Éstos son unos de los mejores carros del planeta.

1. Ésta es la mejor película de la historia.
   _____
2. Éste es el libro más interesante de todos los tiempos.
   _____
3. Ellas son las mejores cantantes del año.
   _____
4. Éste es el lápiz más largo del mundo.
   _____
5. Éste es el lunes más frío del año.
   _____
6. Ella es la mujer más bella de la ciudad.
   _____

1.5 Adjectives

1 **¿Un gran ejercicio o un ejercicio grande?** Indica el significado apropiado de estas oraciones.

1. Carlos es un pobre hombre.
   _____ a. Carlos es un hombre que gana poco dinero.
   _____ b. Carlos es un hombre que da lástima.
2. Es un viejo amigo.
   _____ a. Él y yo somos amigos desde hace muchos años.
   _____ b. Él es mi amigo y tiene 95 años.
3. Se muda a su antiguo edificio.
   _____ a. Se muda a un edificio viejo.
   _____ b. Se muda al edificio donde vivía antes.
4. Es un país pobre.
   _____ a. Es un país con una economía débil.
   _____ b. Es un país que no es respetado por otros países.
5. Carmen vive en una ciudad grande.
   _____ a. Carmen vive en una ciudad estupenda.
   _____ b. Carmen vive en una ciudad de gran tamaño.
6. Tu madre es una gran persona.
   _____ a. Tu madre es una persona gorda y alta.
   _____ b. Tu madre es una persona muy buena.

2 **Tu opinión** Completa cada oración con las dos cualidades que tú prefieras en cada caso. Usa la forma correcta de los adjetivos de la lista.

autoritario	falso	organizado	simpático
bueno	feliz	romántico	tacaño
cariñoso	gracioso	sensato	tradicional
divertido	(in)maduro	sensible	tranquilo

1. Mis profesores son _____ y _____.
2. Mi mejor amigo es _____ y _____.
3. No me llevo bien con las personas que son _____ y _____.
4. Mi pareja ideal es _____ y _____.
5. Mis padres son _____ y _____.
6. Mi cantante favorito es _____ y _____.
7. Mis amigas son _____ y _____.
8. Mis vecinos ideales son _____ y _____.

Atando cabos: Lectura

1 **Antes de leer** ¿Cuáles son las ciudades más grandes de tu país? Ordénalas según el tamaño (*size*). ¿Tienen algo en común?

_____
_____

MÉXICO D.F., UNA MEGAMETRÓPOLI

La Ciudad de México (México D.F.) es una verdadera megametrópoli. Hoy en día, es considerada la ciudad más grande de toda América Latina y una de las más grandes y pobladas del mundo. México D.F. atrae a miles de inmigrantes y turistas por ser el centro cultural, político y económico del país.

México D.F. fue construida sobre la antigua Tenochtitlán, capital del imperio azteca, la cual fue fundada en 1325 sobre una isla. En 1521, los conquistadores españoles, al mando de Hernán Cortés, destruyeron esa majestuosa ciudad y fundaron lo que hoy es la moderna capital del país.

En el centro de la ciudad está la llamada Plaza de la Constitución, conocida popularmente como El Zócalo. El Zócalo ha sido el corazón de la ciudad desde el período azteca. Alrededor de El Zócalo, se encuentran la Catedral Metropolitana y el Palacio Nacional, actual sede del gobierno mexicano. Es aquí donde tienen lugar las mayores celebraciones nacionales y los desfiles militares importantes. El centro histórico de la ciudad, ubicado en los alrededores de El Zócalo, es un microcosmos de arte, monumentos, tiendas y magníficos restaurantes, bares y cantinas. Los aficionados al fútbol se congregan (*gather*) en el estadio Azteca. Éste es el único estadio donde se jugaron dos finales de la Copa Mundial de fútbol: en 1970 y en 1986.

El estadio Azteca en México D.F.

2 **Después de leer** Contesta estas preguntas con oraciones completas.

1. ¿Por qué se dice que México D.F. es una megametrópoli?
_____

2. ¿Por qué México D.F. atrae a tantos inmigrantes y turistas?
_____

3. ¿Sobre qué antigua ciudad fue construida la Ciudad de México?
_____

4. ¿Qué lugar es considerado el corazón de la Ciudad de México?
_____

5. ¿Cuál es la sede del gobierno mexicano en la actualidad?
_____

6. ¿Qué se puede ver en el centro histórico de México D.F.?
_____

Nombre _____ Fecha _____

Atando cabos: Composición

PREPARACIÓN

Imagina que tienes un(a) nuevo/a amigo/a que vive en la Ciudad de México. Describe tu personalidad y la personalidad de tu amigo/a.

Mi personalidad	La personalidad de mi amigo/a
_____	_____
_____	_____
_____	_____

Ahora, busca información en la lectura anterior, *México D.F., una megametrópoli*, en los apuntes culturales de tu libro de texto y en Internet. Luego, escribe una lista de los lugares que a ti y a tu amigo/a les gustaría visitar según la personalidad de cada uno/a.

Lugares que quiero visitar yo   **Lugares que quiere visitar mi amigo/a**

_____   _____
_____   _____
_____   _____
_____   _____

COMPOSICIÓN

Vas a viajar a México D.F. en una semana para visitar a tu amigo/a. Usa la información de la actividad anterior para escribir un programa de actividades con los lugares que van a visitar y las actividades que van a hacer allí durante una semana. Continúa tu composición en una hoja aparte.

El lunes mi amigo/a y yo vamos a buscar un hotel cerca de El Zócalo y vamos a descansar. Mi amigo/a es
_____ y él/ella prefiere _____
    (adjetivo)

_____
_____
_____
_____
_____
_____
_____
_____

Lección 1

Contextos

Lección 2
Las diversiones

1 **Palabras relacionadas** Indica qué palabra no pertenece al grupo.

1. celebrar — aplaudir — festejar — aburrirse
2. equipo — torneo — discoteca — entrenador
3. cantante — árbitro — concierto — grupo musical
4. estreno — escenario — taquilla — boliche

2 **La entrega de premios** Completa la conversación con las palabras de la lista.

> actores   asiento   conseguir   entradas   hacer cola
> aplaudir   boletos   divertir   escenario   taquilla

ADRIANA Mira cuánta gente hay en la (1) _____.
NATALIA ¡Qué suerte! Nosotras no tenemos que (2) _____. Ya tenemos las (3) _____.
ADRIANA Natalia, estamos muy cerca del (4) _____. ¿Cuál es tu (5) _____?
NATALIA Yo tengo el catorce.
ADRIANA Vamos a ver a todos los (6) _____. ¡Nos vamos a (7) _____!
NATALIA ¡Ay, sí! Me van a doler las manos de tanto (8) _____.
ADRIANA Gracias por (9) _____ los (10) _____.

3 **Mis pasatiempos favoritos** Empareja las palabras de las dos columnas. Después escribe oraciones lógicas sobre tus pasatiempos favoritos. Usa al menos seis palabras de la lista.

_____ 1. cine   a. obra de teatro
_____ 2. ajedrez   b. empate
_____ 3. goles   c. juego de mesa
_____ 4. escenario   d. entrenador
_____ 5. equipo   e. álbum
_____ 6. conjunto musical f. película

1. _____
2. _____
3. _____
4. _____
5. _____
6. _____

Nombre _____ Fecha _____

4

¿Qué hacemos? Escribe sugerencias sobre cómo divertirse en cada una de estas situaciones.

> **modelo**
> Es el mediodía. Juan terminó el examen y tiene la tarde libre.
> *Juan puede divertirse y disfrutar de la tarde sin estudiar.*

1. Es viernes por la noche. Tú y tus amigos no tienen mucha energía. _____

2. Es sábado por la mañana y es un día de sol. Marcos se pasó la semana estudiando. _____

3. Es sábado por la tarde. ¡No tengo planes! _____

4. Es domingo por la tarde y llueve muchísimo. Mara y Laura querían salir a comer. _____

5

Fin de semana de lluvia

A. Haz una lista de tus actividades favoritas para el fin de semana en orden de preferencia.

1. _____ 4. _____ 7. _____
2. _____ 5. _____ 8. _____
3. _____ 6. _____ 9. _____

B. Según el pronóstico, este fin de semana va a llover. ¿Puedes hacer todas las actividades de la parte **A**? ¿Por qué? Escribe un párrafo sobre lo que haces y no haces en un fin de semana de lluvia.

En un fin de semana de lluvia, yo _____

Nombre _____ Fecha _____

6 **Planes de fin de semana** Escucha lo que dicen Alicia y Pilar e indica en la tabla qué planes tiene cada una para el fin de semana.

	ir a un concierto de rock	jugar al tenis en un torneo	ir a bailar	descansar	salir con Ricardo
Alicia					
Pilar					

7 **Alicia y Pilar** Ahora vuelve a escuchar los planes de Alicia y Pilar y contesta las preguntas.

1. ¿Qué va a hacer Alicia el viernes por la noche?
   Va a salir a comer con sus amigos de la escuela.

2. ¿Qué va a hacer Alicia el sábado por la noche?
   _____

3. ¿Qué va a hacer Alicia el domingo?
   _____

4. ¿Qué estudia Pilar Ramos?
   _____

5. ¿Cuándo va a participar Pilar en un torneo de tenis?
   _____

6. ¿Qué hace Pilar todos los sábados por la noche?
   _____

8 **Una conversación telefónica** Escucha la conversación telefónica entre Alicia y Pilar, y determina si las oraciones son **ciertas** o **falsas**. Luego, corrige las falsas en el espacio indicado.

Cierto Falso
❏   ❏   1. Alicia está de buen humor cuando contesta el teléfono.

❏   ❏   2. Alicia reconoce la voz de la persona que llama por teléfono.

❏   ❏   3. Pilar se acuerda del cumpleaños de Alicia.

❏   ❏   4. El cumpleaños de Alicia es el sábado.

❏   ❏   5. Pilar y Ricardo son novios.

❏   ❏   6. Alicia no tiene mucho trabajo.

¡Tengo los boletos!

Antes de ver el video

1 **¿Qué boletos?** Mariela tiene unos boletos en la mano. ¿Para qué evento crees que serán? ¿Invitará a alguna persona de la oficina? Imagina una conversación entre Mariela, Aguayo y Fabiola.

_____
_____
_____
_____
_____
_____
_____

Mientras ves el video

2 **¡Es viernes!** Escucha con atención la conversación entre Johnny y Éric, e indica cuáles de estas palabras o verbos se mencionan.

1. ____ el cine
2. ____ el concierto
3. ____ la fiesta
4. ____ el teatro
5. ____ divertirse
6. ____ el fútbol
7. ____ la discoteca
8. ____ aburrirse

3 **Completar** Escucha con atención esta conversación entre Éric y Diana. Luego, completa las oraciones.

ÉRIC   Diana, ¿te puedo (1) _____ un (2) _____?

DIANA   Estoy algo (3) _____.

ÉRIC   Es que se lo (4) _____ que contar a una (5) _____.

DIANA   Hay dos (6) _____ más en la oficina.

ÉRIC   Temo que se rían (7) _____ se lo cuente.

DIANA   ¡Es un (8) _____!

ÉRIC   Temo que se rían de (9) _____ y no del (10) _____.

DIANA   ¿Qué te hace (11) _____ que yo me voy a (12) _____ del chiste y no de ti?

ÉRIC   No sé, tú eres una (13) _____ seria.

DIANA   ¿Y por qué se lo tienes que (14) _____ a una (15) _____?

ÉRIC   Es un (16) _____ para conquistarlas.

Lección 2 Fotonovela Video Activities

Nombre _____ Fecha _____

Después de ver el video

4 **¿Por qué?** Contesta estas preguntas sobre el estado de ánimo de los personajes.

1. ¿Por qué Éric está tan triste y deprimido?
   _____

2. ¿Qué consejo le da Johnny a Éric para enamorar a una mujer?
   _____

3. ¿Por qué Mariela está tan entusiasmada y feliz?
   _____

4. ¿Por qué se ríe tanto Diana?
   _____

5 **¿Qué dicen exactamente?** Las siguientes oraciones son incorrectas. Léelas con atención y luego reescríbelas con la información correcta.

1. Éric está con cara triste porque está enfermo.
   _____

2. ¡Anímate! Es mitad de mes.
   _____

3. Necesitas aburrirte.
   _____

4. Tienes que contarles mentiras.
   _____

5. Conexión. Aquí tengo el disco compacto. ¿Lo quieren ver?
   _____

6. Deséenme buen viaje.
   _____

7. ¿Alguien tiene café?
   _____

8. ¿Lo hiciste tú o sólo lo estás bebiendo?
   _____

6 **Piropos o chistes** Johnny le dice a Éric que, para atraer a las chicas, hay que contarles chistes. Otra estrategia para conquistarlas es decirles piropos (*compliments*) graciosos. ¿Qué piensas de los piropos? Escribe un párrafo expresando tu opinión sobre los piropos y chistes para atraer a alguien, o escribe los piropos que tú le dirías a una persona para conquistarla.

_____
_____
_____
_____
_____

Estructura

2.1 Object pronouns

1 **¿Para qué sirve?** Escribe al menos tres cosas que haces con cada uno de los objetos o situaciones. Usa pronombres de complemento directo.

1. una película: la alquilo, la veo, la compro, la disfruto...
2. un videojuego: _____
3. unas entradas: _____
4. los discos compactos: _____
5. el partido de fútbol: _____

2 **¿A qué se refieren?** Lee los textos escritos por periodistas e indica a qué o a quién(es) se refiere cada pronombre subrayado.

> **GOL** Durante el primer tiempo, el partido fue muy aburrido. Pero en el segundo tiempo, el San Martín <u>lo</u> animó y <u>le</u> ganó al Santiago 3 a 1. Dos fanáticos comentaron: "No <u>nos</u> llamó la atención. El San Martín siempre <u>nos</u> da el premio de la victoria."
> (1) (2) (3) (4)

1. _____   3. _____
2. _____   4. _____

> **TELEVISIÓN** La cadena GBJ va a retransmitir esta noche el controvertido video musical del grupo Niquis. El director de la cadena, Alberto Anaya, <u>nos</u> envió un fax a los periodistas para informar<u>nos</u> de su decisión. El video muestra al cantante del grupo protestando contra la guerra. La Asociación de Televidentes acepta que <u>lo</u> muestren con una condición: que el Señor Anaya no <u>lo</u> transmita en horario infantil.
> (5) (6) (7) (8)

5. _____   7. _____
6. _____   8. _____

3 **En la radio** Completa la entrevista con los pronombres adecuados.

LOCUTOR Es un gusto para (1) _____ tenerte otra vez en mi programa. Se te ve muy contento.
DIRECTOR Sí, (2) _____ estoy. Este premio es muy importante para (3) _____.
LOCUTOR ¿A quién (4) _____ dedicas el premio?
DIRECTOR A mi esposa, claro. Ella (5) _____ apoya siempre. (6) _____ ayuda en los momentos malos y (7) _____ acompaña siempre en mis viajes.
LOCUTOR ¿Cuáles son tus proyectos ahora?
DIRECTOR Siempre (8) _____ gusta tomarme un descanso después de cada película. A mi esposa y a (9) _____ siempre (10) _____ gusta tomarnos unas vacaciones.

Lección 2 Estructura Activities

Nombre _____ Fecha _____

4 Consejos
Completa las oraciones reemplazando las palabras subrayadas con los pronombres adecuados.

1. Saluda a los espectadores.
   Recuerda: Debes saludarlos./Los debes saludar.
2. No olvides las cámaras.
   Recuerda: _____
3. No muevas tanto la boca al hablar.
   Recuerda: _____
4. Evita los gestos exagerados con la cara y las manos.
   Recuerda: _____
5. Deja las escenas de riesgo para tu doble.
   Recuerda: _____
6. Escucha al director.
   Recuerda: _____
7. Estudia bien el guión de tu personaje.
   Recuerda: _____
8. Trata a los otros actores bien.
   Recuerda: _____

5 Entrevista
Completa la entrevista que un periodista le hace a un actor famoso. El actor contradice todo lo que dice el periodista. Usa los pronombres adecuados en las respuestas del actor.

> **modelo**
> **PERIODISTA** Mi colega dijo que el público odia tu nueva película.
> **ACTOR** No, no la odia.

1. **PERIODISTA** Un colega periodista los vio a ti y a tu amiga, Laura Luna, cenando en un restaurante. ¿Es verdad? ¿Los vio?
   ACTOR _____
2. **PERIODISTA** También me contó que te pidió un autógrafo.
   ACTOR _____
3. **PERIODISTA** Él me dijo que no pagaste la cena de tu amiga.
   ACTOR _____
4. **PERIODISTA** Y también me dijo que no les diste propina (*tip*) a los camareros.
   ACTOR _____
5. **PERIODISTA** Él me dijo que le diste un beso a tu amiga.
   ACTOR _____

6 Conciertos
Imagina que eres el/la nuevo/a secretario/a de cultura de tu ciudad. Contesta las preguntas de un periodista sobre eventos musicales en tu ciudad. Usa pronombres de complemento directo. Palabras útiles: **la taquilla, el público, el representante artístico, el organizador de la feria**.

1. ¿Quién elige a los grupos musicales? _____
2. ¿Quién contrata a los artistas? _____
3. ¿Quién negocia el contrato de los músicos? _____
4. ¿Dónde puedo comprar las entradas para un concierto? _____

7 **La televisión** Completa la conversación con el pronombre adecuado.

JUANITO Mamá, ¿puedo ver televisión?

MAMÁ ¿Y la tarea? ¿Ya (1) _____ hiciste?

JUANITO Ya casi (2) _____ termino. ¿Puedo ver el programa de dibujos animados (*cartoons*)?

MAMÁ (3) _____ puedes ver hasta las siete.

JUANITO De acuerdo.

MAMÁ Pero antes de que te pongas a ver televisión, tengo algunas preguntas. ¿(4) _____ vas a entregar mi carta a tu profesora?

JUANITO Sí, mamá, (5) _____ (6) _____ voy a entregar mañana.

MAMÁ ¿Quién va a trabajar contigo en el proyecto de historia?

JUANITO No sé; nadie (7) _____ quiere hacer conmigo.

MAMÁ Bueno, y antes de ver la tele, ¿me puedes ayudar a poner la mesa?

JUANITO ¡Cómo no, mamá! (8) _____ ayudo ahora mismo.

8 **Confundido** Tu amigo va a dar una fiesta este fin de semana, pero no recuerda bien algunos detalles. Contesta sus preguntas con la información entre paréntesis. Utiliza pronombres en tus respuestas.

> **modelo**
> ¿Quién va a traer las sillas? (Carlos y Pedro)
> Carlos y Pedro las van a traer.

1. ¿Cuándo vamos a comprar la comida? (mañana)
   _____

2. ¿Quién nos prepara el pastel (*cake*)? (la pastelería de la Plaza Mayor)
   _____

3. ¿Ya enviamos todas las invitaciones? (sí)
   _____

4. ¿Quién trae los juegos de mesa? (Lourdes y Sara)
   _____

5. ¿Vamos a decorar el salón? (sí)
   _____

9 **Tres deseos** En parejas, imaginen que encuentran a un genio (*genie*) en una botella. Él les va a hacer realidad tres deseos a cada uno. Primero, haz una lista de los deseos que le vas a pedir. Después, díselos a tu compañero/a. Háganse preguntas sobre por qué quieren cada uno de los deseos. Utilicen por lo menos seis pronombres de complemento directo e indirecto.

> **modelo**
> —Yo quiero un jeep cuatro por cuatro.
> —¿Para qué lo quieres?
> —Lo quiero para manejar en cualquier tipo de terreno.

Nombre _____ Fecha _____

10 Regalos de cumpleaños Gonzalo está mirando los regalos de cumpleaños que Alicia va a recibir. Escucha las preguntas de Gonzalo y responde según las pistas (*clues*). Después, repite la respuesta correcta.

> **modelo**
> Tú escuchas: ¿Quién le va a regalar este disco?
> Tú lees: Julia
> Tú escribes: Se lo va a regalar Julia.

1. (Juan y Luis) _____
2. (Pilar) _____
3. (Jorge) _____
4. (Su hermana) _____
5. (Sus primas) _____
6. (Su vecino del primer piso) _____

11 ¿Quién te lo va a regalar? Alicia se entera de lo que sus amigos le van a regalar y se lo dice a su amigo Roberto. Contesta estas preguntas de Roberto como si fueras Alicia. Después, repite la respuesta correcta.

> **modelo**
> Tú escuchas: ¿Quién te va a regalar un disco?
> Tú lees: Julia
> Tú dices: Me lo va a regalar Julia.

1. Juan y Luis
2. Pilar
3. Jorge
4. Mi hermana
5. Mis primas
6. Mi vecino del primer piso

12 La confusión de Mónica Contesta las preguntas de Mónica, siguiendo el modelo. Después, repite la respuesta correcta.

> **modelo**
> Tú escuchas: ¿Miguel envió las invitaciones a Sara?
> Tú lees: no
> Tú dices: No, Sara se las envió a Miguel.

1. no
2. no
3. sí
4. no
5. no
6. sí

2.2 Gustar and similar verbs

1 **¡Opiniones diferentes!** Completa la conversación entre Pablo y Raquel con la forma correcta de los verbos de la lista y los pronombres adecuados. En algunos casos, más de una respuesta es posible. No repitas los verbos.

> aburrir   doler   fascinar   interesar
> disgustar encantar gustar   molestar

PABLO ¡Cómo me estoy divirtiendo! (1) _____ este grupo musical.

RAQUEL Pues a mí (2) _____ y (3) _____ la música tan alta (*loud*), además (4) _____ la cabeza.

PABLO A ti siempre (5) _____ todo lo que a mí (6) _____.

RAQUEL La próxima vez vamos a ver una película; yo sé que (7) _____ el cine. Podemos invitar a Andrés.

PABLO Sí, a Andrés y a mí (8) _____ todas las películas, especialmente los grandes estrenos.

2 **De turismo** Un periodista entrevista a un grupo de turistas que están visitando la Ciudad de México. Escribe las preguntas del periodista.

1. (aburrir / la ciudad / a ti) ¿_____?
2. (gustar / los edificios / a ti) ¿_____?
3. (caer bien / la gente / a ustedes) ¿_____?
4. (preocupar / la calidad de los restaurantes / a usted) ¿_____?
5. (interesar / el arte / a ustedes) ¿_____?
6. (faltar / lugares de entretenimiento / a la ciudad) ¿_____?

3 **Opiniones** Completa las respuestas de algunos turistas a las preguntas de la actividad anterior.

1. Raúl: "¡No! ¡Al contrario! Es grande y divertida. La ciudad no __me aburre__ (aburrir) ni un poquito".
2. Eugenia: "Son hermosos. El estilo modernista _____ (gustar) especialmente".
3. Esteban y Mariela: "La gente _____ (caer) muy bien. Nos tratan maravillosamente en todos lados. La gente aquí es muy cálida".
4. Pepe: "Sí, la calidad de los restaurantes _____ (preocupar) un poco, porque quiero comer bien. Aunque hasta ahora, son excelentes".
5. Mariano y Lisa: "Sí, el arte _____ (interesar) mucho. Vamos a visitar todos los museos".
6. Roberto: "Sitios de entretenimiento es lo que menos _____ (faltar) a la ciudad".

Nombre _____ Fecha _____

4 **Preferencias** Escribe oraciones lógicas combinando los elementos de cada columna.

mis amigos	fascinar	jugar al fútbol
yo	molestar	hacer cola
tu entrenador	aburrir	ganar partidos
los espectadores	gustar	los conciertos
los jugadores	encantar	vender discos
el cantante	importar	el ajedrez
los músicos	disgustar	los pasatiempos
el árbitro	preocupar	perder
el equipo	interesar	ganar
los deportistas	faltar	los espectáculos

1. A mis amigos les molesta hacer cola.
2. _____
3. _____
4. _____
5. _____
6. _____
7. _____
8. _____
9. _____
10. _____

5 **Tus gustos** ¿Qué pasatiempos y actividades te gustan? ¿Por qué? Escribe un párrafo de por lo menos seis oraciones expresando tu opinión. Usa **gustar** y otros verbos similares, y el vocabulario de la lección.

_____
_____
_____
_____
_____
_____
_____
_____
_____

Lección 2

Lección 2 Estructura Activities

Nombre _____ Fecha _____

6

En otras palabras Vuelve a escribir las frases subrayadas usando los verbos de la lista.

> **modelo**
> <u>Mis padres adoran las novelas de García Márquez</u>, especialmente *Cien años de soledad*.
> A mis padres les encantan las novelas de García Márquez, especialmente *Cien años de soledad*.

aburrir	(no) gustar
caer bien/mal	(no) interesar
(no) doler	molestar
encantar	quedar
faltar	

1. <u>Estoy muy interesado en el cine</u> y por eso veo el programa de espectáculos todas las noches.
2. Necesito ir al médico porque <u>tengo un dolor de cabeza desde hace dos días</u>.
3. <u>Pablo y Roberto son muy antipáticos</u>. No soporto hablar con ellos.
4. <u>Nos aburrimos cuando vemos películas románticas</u>.
5. <u>Detesto el boliche</u>.
6. Has gastado casi todo tu dinero. <u>Sólo tienes diez dólares</u>.
7. Carlos está a punto de completar su colección de monedas españolas anteriores al euro. <u>Necesita conseguir tres más</u>.
8. <u>No soporto escuchar música cuando estudio</u>. No puedo concentrarme.

7

El fin de semana Escribe ocho oraciones sobre qué te gusta y qué te molesta hacer el fin de semana. Utiliza **gustar** y otros verbos similares, como **interesar, importar** y **molestar**.

estar en casa	hacer ejercicio	ir al circo
festejar	hacer un picnic	jugar al billar
hacer cola	ir al cine	salir a comer

8

Gustos Utiliza la información y verbos similares a **gustar** para investigar los gustos de tus compañeros/as de clase. Toma nota de las respuestas de cada compañero/a que entrevistes y comparte la información con la clase.

> **modelo**
> molestar / tener clase a las ocho de la mañana
> A Juan y a Marcela no les molesta tener clase a las ocho de la mañana. En cambio, a Carlos le molesta porque...

1. encantar / fiestas de cumpleaños
2. fascinar / el mundo de Hollywood
3. disgustar / leer las noticias
4. molestar / conocer a nuevas personas
5. interesar / saber lo que mis amigos piensan de mí
6. aburrir / escuchar música todo el día

Nombre _____ Fecha _____

9 **¡Qué aburrido!** Escucha esta breve conversación entre Roberto y Rosa, y completa las oraciones.

1. A Roberto le aburren _____.
   a. las fiestas de cumpleaños   b. los conciertos   c. sus amigos

2. Según Rosa, Roberto sólo se tiene que preocupar de _____.
   a. comprar un pasaje de autobús   b. comprar un boleto   c. llevarle un regalo a Alicia

3. Según Roberto, Alicia le cae _____.
   a. mal   b. fatal   c. bien

4. A Roberto _____.
   a. no le gustan los conciertos   b. le encantan los conciertos   c. le gustan sólo los conciertos de rock

5. Le molestan _____.
   a. los sitios con música fuerte   b. los sitios donde hay mucha gente   c. los sitios donde hay poca gente

6. Rosa le dice que pueden verse _____.
   a. más tarde ese día   b. otro día   c. al día siguiente

10 **Curiosidad** Escucha las preguntas y respóndelas con la información entre paréntesis. Después de responder cada pregunta, escucha la respuesta correcta.

> **modelo**
> *Tú escuchas:* ¿Por qué no está Ricardo en la fiesta?
> *Tú lees:* (disgustar / fiestas)
> *Tú respondes:* Porque le disgustan las fiestas.

1. (no gustar / chocolate)
2. (interesar / canciones de moda)
3. (disgustar / ruido)
4. (caer bien)
5. (preocupar / lluvia)
6. (no gustar / esta música)

11 **Encuesta** Un reportero del periódico de tu ciudad te pide que participes en una encuesta sobre los gustos de los jóvenes. Responde afirmativamente a sus preguntas. Luego, escucha y repite la respuesta correcta. (*6 items*)

> **modelo**
> *Tú escuchas:* ¿Te gustan los conciertos de rock?
> *Tú dices:* Sí, me gustan los conciertos de rock.

Lección 2

Audio Activities

2.3 Reflexive verbs

1 **La rutina de Carolina** Ordena las oraciones de una manera lógica.

____ a. Después del desayuno, **se lava** los dientes y **se peina**.
____ b. Sin embargo, nunca **se levanta** hasta las 7:30.
____ c. Por último, **se pone** la chaqueta y sale para la oficina.
____ d. Después de **ducharse**, **se viste**.
____ e. Carolina **se despierta** a las 7:00 de la mañana cuando suena su despertador.
____ f. Después de **vestirse**, desayuna.
____ g. Lo primero que hace después de **levantarse** es **ducharse**.
____ h. Carolina **se maquilla** después de **peinarse**.

2 **Un día importante** Completa los planes de Raquel con los verbos de la lista. Usa el presente o el infinitivo, según corresponda.

| ducharse | levantarse | ponerse | relajarse |
| enterarse | maquillarse | preocuparse | vestirse |

¡A ver, chicas! Éstos son los planes para mañana. Presten atención porque no quiero (1) _____ mañana. Quiero estar preparada tres horas antes de la ceremonia. Éste es el plan: todas (2) _____ temprano, a las siete de la mañana. Yo necesito unos veinte minutos para (3) _____. Luego, (4) _____ un rato mientras espero a la peluquera (*hairdresser*). Después, (5) _____; el vestido es tan bonito... ¡Qué nervios! Luego (6) _____ yo sola porque no me gusta que nadie me toque la cara. Seguramente Daniel también va a (7) _____ muy nervioso, como yo. Pero seguro que los invitados no van a (8) _____ de lo nerviosos que estamos.

3 **¿Voy o me voy?** Completa las oraciones con la forma adecuada del verbo entre paréntesis.

1. Ana y Juan __acuerdan__ (acordar) no pelear más.
2. Ana y Juan __se acuerdan__ (acordar) de su primera cita.
3. Carmen y yo _____ (ir) temprano de la fiesta.
4. Carmen y yo _____ (ir) a la fiesta muy mal vestidos.
5. Martín y Silvia _____ (llevar) muy bien.
6. Martín y Silvia _____ (llevar) a los niños a un picnic.
7. Sebastián _____ (poner) la camisa sobre la cama.
8. Sebastián _____ (poner) la camisa roja.
9. Yo _____ (reunir) el material que necesito para terminar el proyecto.
10. Yo _____ (reunir) con mis amigos para terminar el proyecto.

4 **¡Sí!** Completa la conversación con algunos verbos de la lista.

acostarse	cepillarse	ducharse	peinarse	quitarse
bañarse	despertarse	lavarse	ponerse	secarse

MADRE ¿Pueden (1) _____ la cara? Es muy feo estar con la cara sucia.
LOS NIÑOS Sí, mamá, ahora (2) _____ la cara.
MADRE También tienen que (3) _____. Es muy feo salir despeinados.
LOS NIÑOS Sí, mamá, ya (4) _____.
MADRE Y deben (5) _____ los dientes. Es importante hacerlo después de cada comida.
LOS NIÑOS Sí, mamá, ahora mismo (6) _____ los dientes.
MADRE Felipe, ¿puedes (7) _____ el pantalón marrón? Es el mejor que tienes.
FELIPE Sí, mamá, ya (8) _____ el pantalón marrón.
MADRE Felisa, ¡tienes que (9) _____ los zapatos viejos! No quiero que salgas con zapatos tan gastados.
FELISA Sí, mamá, ahora mismito (10) _____ los zapatos viejos.
MADRE Bien. Entonces ya podemos ir al zoológico.

5 **Un asistente con paciencia** Completa las preguntas que le hace Miguel a su asistente. Usa las preposiciones **de**, **en** o **a**.

1. ¿Se acordó _____ hablar con el conjunto Los maniáticos?
2. ¿Se dio cuenta _____ que las invitaciones no están bien?
3. ¿Se acordó _____ que el líder del grupo se quejó _____ la decoración?
4. ¿Se dio cuenta _____ que los músicos se fijaron _____ la suciedad (*dirt*) del escenario?
5. ¿Se enteró _____ que el chef está enfermo?
6. ¿Se acordó _____ que la banda quiere pizza y gaseosa (*soda*)?
7. ¿Se sorprendió _____ que los fans del grupo no quieran venir al concierto?
8. ¿Se acercó _____ la oficina del representante para ver si ya estaba todo arreglado?

6 **Dos rutinas** Escribe un párrafo para comparar tu rutina diaria con la de un pariente que sea muy diferente a ti (diferente estilo de vida, generación, carácter). Usa estos verbos y, por lo menos, dos más que no estén en la lista.

acostarse	cepillarse	maquillarse
afeitarse	ducharse	vestirse

_____
_____
_____
_____
_____

Lección 2 Estructura Activities

7 **¿Qué hacen estas personas?** Escribe cinco oraciones combinando elementos de las tres columnas.

> *modelo*
> Yo me acuesto a las once de la noche.

mis padres	aburrirse	a las 6 de la mañana
yo	acostarse	a las 9 de la mañana
mis amigos y yo	afeitarse	a las 3 de la tarde
tú	divertirse	por la tarde
mi mejor amiga	dormirse	el viernes por la noche
ustedes	levantarse	a las once de la noche
mi hermano/a	maquillarse	todos los días

8 **Reflexivos** Algunos verbos cambian de significado cuando se usan en forma reflexiva. Completa las oraciones con la forma adecuada del verbo indicado y el pronombre si es necesario.

1. Yo siempre _____ (dormir/dormirse) bien cuando estoy en mi casa de verano.
2. Carlos, ¿_____ (acordar/acordarse) de cuando fuimos de vacaciones a Cancún hace dos años?
3. Si estamos tan cansados de la ciudad, ¿por qué no _____ (mudar/mudarse) a una casa junto al lago?
4. No me gusta esta fiesta. Quiero _____ (ir/irse) cuanto antes.
5. Cristina y Miguel _____ (llevar/llevarse) a los niños a la feria.
6. Mi abuela va a _____ (poner/ponerse) una foto de todos sus nietos en el salón.

9 **Los sábados** Sigue los pasos para determinar si tú y tus compañeros/as participan en actividades parecidas (*similar*) los sábados. Comparte tus conclusiones con el resto de la clase.

- **Paso 1** Haz una lista detallada de las cosas que normalmente haces los sábados.
- **Paso 2** Entrevista a un(a) compañero/a para ver si comparten alguna actividad.
- **Paso 3** Compara la información con el resto de la clase. ¿Siguen los estudiantes la misma rutina durante los fines de semana?

Nombre _____ Fecha _____

10 **¡Qué diferentes!** Mira las ilustraciones y luego decide si lo que dice Alicia es **cierto** o **falso**.

Cierto Falso
1. ☑ ☐
2. ☐ ☐
3. ☐ ☐
4. ☐ ☐
5. ☐ ☐

Roberto

Jorge

11 **La rutina familiar** Tú recibiste una carta de Marta en la que cuenta la rutina diaria de su familia. Escucha un fragmento de la carta y empareja a las personas con sus actividades.

A	B
____ 1. Andrés	a. Se levanta temprano para arreglarse.
____ 2. Rosa	b. Se viste muy elegantemente.
____ 3. Papá	c. Se olvida de quién es su familia.
____ 4. Mamá	d. Se quita la ropa y se viste solo.
____ 5. Alberto	e. Se ducha y se viste en quince minutos.
____ 6. El abuelo	f. Se queja porque sólo hay un baño.

12 **Y después** Escucha lo que les pasa a estas personas y escoge un verbo de la lista para decir qué ocurre después. Luego, escucha la respuesta correcta y repítela. (*6 items*)

modelo
Tú escuchas: Josefina escoge la ropa perfecta para su entrevista importante.
Tú lees: vestirse
Tú dices: Y después se viste.

acordarse   dormirse
acostarse   mudarse
arrepentirse   quejarse
convertirse   quitarse
despertarse   vestirse

Lección 2
Audio Activities

Gramática adicional

2.4 Demonstrative adjectives and pronouns

1 Completar Completa la conversación entre Paulina y César con las palabras de la lista.

| esa | esto | ésta | eso | esos | ésta | esto |

PAULINA ¿Qué es (1) _____ que tienes en la mano?

CÉSAR (2) _____ es una entrada para ver a tu grupo de rock favorito.

PAULINA (3) _____ entrada no puede ser para el concierto de Jaguares.

(4) _____ boletos ya están vendidos (*sold out*) hace meses.

CÉSAR Quizá no te lo creas, pero (5) _____ es tu entrada y

(6) _____ es la mía.

PAULINA ¡(7) _____ es lo mejor que me ha pasado en la vida, gracias!

2 Oraciones Escribe oraciones lógicas usando estos elementos.

1. aquélla/discoteca: _Aquélla es la discoteca donde va a actuar el grupo musical._

2. este/disco compacto: _____

3. éste/cantante: _____

4. ese/grupo musical: _____

5. aquel/festival: _____

6. estas/espectadoras: _____

7. aquellas/entradas: _____

8. ésas/taquillas: _____

3 Casas de famosos Teresa es guía turística y hoy hace una excursión por las casas de los famosos en Hollywood. Escribe lo que ella les dice a los turistas durante el recorrido. Usa adjetivos y pronombres demostrativos.

modelo
En esa casa vive George Clooney. Aquélla es la mansión de...

2.5 Possessive adjectives and pronouns

1 Completar Completa el párrafo con los posesivos apropiados.

Me llamo Andrés y vivo en el circo. (1) _____ (mi / tu / su) familia y yo practicamos (2) _____ (vuestro / mis / nuestro) espectáculo antes de cada función. (3) _____ (nuestra / nuestro / nuestros) espectadores siempre hacen largas colas en la taquilla para comprar (4) _____ (su / sus / vuestras) boletos. Si no sabes qué hacer con (5) _____ (mi / tu / su) tiempo libre, debes venir a (6) _____ (nuestro / vuestro / su) circo.

2 El mío es mejor Guillermo y Emilio son dos amigos muy competitivos. Completa su conversación con los posesivos de la lista.

el mío	mi	mis
el nuestro	mi	nuestro
el tuyo	mi	los míos

GUILLERMO (1) _____ equipo de fútbol es muy bueno.

EMILIO (2) _____ es mejor que (3) _____.

GUILLERMO (4) _____ jugadores siempre marcan goles.

EMILIO (5) _____ también y entretienen a los espectadores.

GUILLERMO El entrenador de (6) _____ equipo es muy profesional.

EMILIO Mi hermano y yo creemos que (7) _____ club deportivo es más popular.

GUILLERMO No es verdad. (8) _____ club deportivo tiene más miembros.

EMILIO Es mentira. (9) _____ siempre está presente en todos los torneos.

3 ¿De quién es? Escribe preguntas y contéstalas usando el pronombre posesivo que corresponde a la(s) persona(s) indicada(s).

1. el ajedrez/Jaime _¿De quién es este ajedrez? Este ajedrez es suyo._
2. el billar/Alejandra y Pamela _____
3. el disco compacto/yo _____
4. las cartas/tú _____
5. la televisión/Antonio _____
6. los videojuegos/nosotros _____

Atando cabos: Lectura

1 **Antes de leer** ¿Qué tipo de música te gusta escuchar? _____

La música latina

En los últimos años, la música latina se ha convertido en un verdadero fenómeno de masas. Son muchos los artistas hispanos que han conseguido un extraordinario éxito en el mercado internacional: Shakira, Julieta Venegas, Juanes, Ricky Martin y el grupo Calle 13, entre otros.

¿Por qué la música latina le gusta tanto al público estadounidense? Lo que está claro es que lo latino está de moda. ¿Quieres saber algo más sobre algunos de estos artistas?

El célebre guitarrista mexicano Carlos Santana triunfó en el festival de Woodstock de 1969 con su estilo original, una fusión de rock y ritmos afrocubanos. Ha obtenido numerosos premios y, en 1998, recibió su estrella en el Camino de la Fama en Hollywood. Su álbum *Supernatural* recibió ocho premios Grammy en el año 2000. En 2002 y 2005 sacó dos nuevos álbumes. En 2009, recibió un reconocimiento a su trayectoria en los Premios Billboard de la Música Latina.

El grupo mexicano Zoé es uno de los más reconocidos del rock latino. Cuenta con más de cinco discos y sus canciones han llegado a todos los continentes. Zoé ha recibido incontables premios. En 2011 la banda lanza el álbum *MTV Unplugged: Música de fondo,* el cual recibió disco de platino por sus numerosas ventas.

La colombiana Shakira saltó a la fama mundial con el disco *Pies descalzos*. A los 14 años grabó su primer álbum. A lo largo de su carrera, ha recibido galardones (*awards*) que incluyen varios premios Grammy, Billboard y MTV Latinoamérica. Su inconfundible voz y su vitalidad la han convertido en una estrella internacional.

2 **Después de leer**

A. ¿Cierto o falso? Indica si las siguientes oraciones son **ciertas** o **falsas** y corrige las falsas.

Cierto Falso

☐ ☐ 1. La música latina tiene éxito en los EE.UU. porque lo latino está de moda. _____

☐ ☐ 2. Carlos Santana es de Colombia. _____

☐ ☐ 3. El álbum *Supernatural* de Santana consiguió diez premios Grammy. _____

☐ ☐ 4. Shakira ha recibido premios Grammy, Billboard y MTV Latinoamérica. _____

☐ ☐ 5. Zoé es conocido sólo en México. _____

B. Responder Contesta estas preguntas con oraciones completas.

1. ¿Dónde triunfó Carlos Santana por primera vez en los EE.UU.?

2. ¿Qué características han convertido a Shakira en una artista internacional?

3. ¿Por qué el grupo Zoé recibió un disco de platino en el 2011?

Nombre _____ Fecha _____

Atando cabos: Composición

El próximo fin de semana se va a celebrar en tu comunidad el Festival Cultural Mexicano. Imagina que tú tienes que escribir un artículo en el periódico para anunciar el festival.

PREPARACIÓN

Escribe una lista de cinco artistas latinos —actores, directores de cine, cantantes, etc.— que van a estar presentes en el festival. Luego, piensa en los eventos y actividades culturales en los que cada uno de ellos va a participar. Puedes buscar información en la lectura *La música latina*, en las lecturas de tu libro de texto y en Internet.

Los artistas	Los eventos y las actividades

COMPOSICIÓN

Escribe un artículo anunciando el Festival Cultural Mexicano. Continúa en una hoja aparte.

- Describe el evento nombrando las celebridades que asistirán. Concéntrate en uno o dos artistas.
- Incluye una cita (*quote*) de los artistas elegidos o una minientrevista para que tu artículo sea más interesante. ¡Sé creativo/a!
- Termina tu artículo dando información sobre la hora y el lugar, y dónde se consiguen las entradas. Incluye también un número de teléfono y un sitio de Internet.

_____
_____
_____
_____
_____
_____
_____
_____
_____

Contextos

Lección 3
La vida diaria

1 **Costumbres del mundo hispano** Elige la opción apropiada para completar cada oración.

1. Muchos dicen que llegar tarde es una costumbre del mundo hispano. A los millones de hispanos que llegan _____ a eventos y reuniones les molesta este estereotipo.
   a. a tiempo   b. a veces   c. a menudo

2. En Argentina, es costumbre cambiarse de ropa antes de salir de casa. Algunas mujeres son muy coquetas y _____ se las ve desarregladas.
   a. de repente   b. casi nunca   c. a propósito

3. En España, es muy común que los amigos se visiten sin avisar (*without notice*). Al llegar a la casa, la persona solamente debe _____.
   a. quitar la puerta   b. tocar la bocina   c. tocar el timbre

4. En el Perú, la mayoría de las compras se hacen con _____ o tarjeta de crédito. En muy pocos casos se hacen compras a través de Internet.
   a. débito   b. dinero en efectivo   c. reembolso

5. En países como España, a veces es difícil _____ a la hora del almuerzo porque muchas tiendas y oficinas cierran por tres o cuatro horas.
   a. tocar el timbre   b. hablar por teléfono   c. hacer mandados

6. En algunos países de Latinoamérica puedes pagar las cuentas de gas y de teléfono en _____.
   a. el restaurante   b. el supermercado   c. el probador

2 **Palabras relacionadas** Relaciona las palabras de la primera columna con las de la segunda columna. Luego, escribe cuatro oraciones usando al menos seis de estas palabras.

_____ 1. quitar el polvo   a. tarjeta de crédito
_____ 2. ir de compras   b. centro comercial
_____ 3. probarse   c. barato
_____ 4. ganga   d. probador
_____ 5. devolver   e. muebles
_____ 6. dinero en efectivo   f. reembolso

1. _____
2. _____
3. _____
4. _____

3 **Tu vida diaria** Contesta las preguntas con oraciones completas.

1. ¿Vas de compras al centro comercial? ¿O prefieres ir a tiendas locales más pequeñas? ¿Por qué?

2. ¿Quién hace los quehaceres en tu casa? ¿Tú ayudas? ¿Con qué frecuencia?

3. Menciona tres cosas que haces por la mañana y tres cosas que haces por la tarde.

4 De compras

A. Lucía salió de compras con su hija. Ordena las oraciones de una manera lógica.

___ a. Lucía decidió comprarle el vestido más bonito, que era también el más caro.

___ b. Al salir del trabajo, recogió a su hija en la escuela y se fue con ella al centro comercial.

_1_ c. Hoy Lucía se levantó muy temprano.

___ d. Cuando llegaron al centro comercial, Lucía y su hija se fueron directamente a la sección de vestidos.

___ e. Finalmente, Lucía y su hija se fueron del centro comercial contentas de haber encontrado el vestido perfecto para la fiesta.

___ f. Llegó al trabajo una hora y media antes de lo habitual.

___ g. Su hija se probó allí varios vestidos para la fiesta de fin de año de la escuela.

___ h. Lucía pagó con tarjeta de crédito en tres cuotas.

B. Imagina que eres la hija de Lucía. Escribe en tu diario cómo es habitualmente la experiencia de ir de compras con tu mamá.

| a menudo | casi nunca | en el acto |
| a veces | de vez en cuando | por casualidad |

Cuando voy de compras con mi mamá, casi nunca...

_____
_____
_____
_____
_____

5 ¿Qué prefieres?
Escribe lo que vas a hacer este fin de semana usando por lo menos cinco palabras o frases de la lista.

ir de compras al centro comercial	hacer mandados
mirar televisión	arreglarse para salir
barrer	jugar videojuegos
cocinar	quitar el polvo

_____
_____
_____
_____
_____
_____
_____

6 **Las tareas de Mateo** Escucha las instrucciones que Amparo le da a Mateo y ordena sus tareas según la información que escuches.

_____ a. barrer las escaleras

__1__ b. apagar la cafetera después de desayunar

_____ c. recoger unos dulces en la tienda de la esquina

_____ d. pasar la aspiradora en los cuartos de los niños

_____ e. quitarles el polvo a los muebles del salón

_____ f. sacar la carne congelada (*frozen*) del refrigerador

_____ g. ir a comprar al supermercado antes de las tres

_____ h. elegir productos baratos en el supermercado

_____ i. cambiar el foco (*light bulb*) de la lámpara de la cocina

7 **¡Que no se me olvide!** Escucha una lista de las instrucciones que Amparo le da a Mateo y haz la lista como si fueras Mateo. Sigue el modelo. Luego, escucha y repite la respuesta correcta. (*8 items*)

> **modelo**
> *Tú escuchas:* Calienta el café.
> *Tú dices:* Caliento el café.

8 **Ocho horas después** Son las cinco de la tarde y Amparo ya ha regresado del trabajo. Escucha la conversación que tiene con Mateo y elige la opción más adecuada para completar las oraciones.

1. Cuando Amparo regresa del trabajo, Mateo _____.
   a. está hablando con la vecina   b. está mirando la telenovela   c. está limpiando las ventanas

2. Amparo piensa que la vecina _____.
   a. debe trabajar más   b. siempre va arreglada   c. está enamorada de Mateo

3. A Mateo _____.
   a. le cae bien su vecina   b. le cae mal su vecina   c. le molesta su vecina

4. ¿Qué piensa Mateo sobre los dulces? _____.
   a. Le encantan   b. Los odia   c. Piensa que necesitan azúcar

5. Amparo no quiere que Mateo coma dulces porque _____.
   a. está a dieta   b. está enfermo   c. está obeso

6. Amparo piensa que Mateo _____.
   a. es asombroso   b. es muy tranquilo   c. es muy nervioso

¿Alguien desea ayudar?

Antes de ver el video

1 **¡Estoy a dieta!** Diana regresa del almuerzo con unos dulces. ¿Sobre qué crees que están hablando Diana, Aguayo y Mariela? Inventa una pequeña conversación entre ellos.

_____
_____
_____
_____
_____
_____
_____

Mientras ves el video

2 **¿Cierto o falso?** Escucha con atención la primera parte del video e indica si las siguientes oraciones son **ciertas** o **falsas**.

Cierto	Falso	
❏	❏	1. Diana odia los fines de semana.
❏	❏	2. Fabiola y Diana siempre discuten los lunes.
❏	❏	3. Los hijos de Diana la ayudan con las tareas del hogar.
❏	❏	4. Fabiola va de compras con la hija mayor de Diana.
❏	❏	5. Diana no supervisa los gastos de sus hijos.
❏	❏	6. La suegra de Diana perdió la tarjeta de crédito.

3 **Completar** Escucha lo que dicen Aguayo y sus empleados. Luego completa las oraciones.

almorcé	comí	limpieza
almuerzo	enfermo	llegué
aspiradora	esfuerzo	querías
ayudarte	estuviste	traje

1. El señor de la _____ dejó un recado (mensaje) diciendo que está _____.
2. Voy a pasar la _____ a la hora del _____.
3. Les _____ unos dulces para premiar su _____.
4. Qué pena que no _____ a tiempo para _____.
5. Lo mismo digo yo. Y eso que _____ tan de prisa que no comí postre.
6. Tienes lo que _____ y yo también. Por cierto, ¿no _____ en el dentista?

Después de ver el video

4 **Excusas** Aguayo pide ayuda a sus empleados para limpiar la oficina, pero todos tienen una excusa. Completa las siguientes oraciones, escribiendo cuál es la excusa de cada personaje.

1. Fabiola no puede ayudar porque ─────────
2. Diana no puede ayudar porque ─────────
3. Éric no puede ayudar porque ─────────
4. Johnny no puede ayudar porque ─────────

5 **¡Qué buena es Mariela!** Mariela es la única que ayuda a Aguayo a limpiar la oficina. Escribe todas las tareas que hacen entre los dos. Luego, inventa otras tareas que podrían haber hecho.

6 **Limpiar y desinfectar** Escribe un párrafo de al menos diez líneas indicando qué tareas hiciste la última vez que limpiaste y ordenaste tu casa. Puedes usar los verbos de la lista.

barrer	ordenar
lavar	pasar la aspiradora
limpiar	quitar el polvo

Estructura

3.1 The preterite

1 **Una fiesta** Completa las preguntas que Esther les hace a sus amigos para saber si hicieron los preparativos necesarios para una fiesta. Usa el pretérito de los verbos entre paréntesis.

1. ¿_____ (subir) ustedes las bebidas?
2. Marta, ¿y tú?, ¿_____ (poner) la comida en el refrigerador?
3. Y tú, Eva, ¿_____ (tener) tiempo de preparar la lista de canciones?
4. Marta y Eva ¿les _____ (dar) la dirección a los invitados?
5. Marta, ¿_____ (hacer) las compras en el supermercado?
6. Ustedes, ¿_____ (empezar) a limpiar la oficina?

2 **El fin de semana** Completa los comentarios de Ana sobre lo que hicieron sus amigos y ella la semana pasada.

Juan...

1. traducir / artículo _____
2. leer / periódico _____
3. ir / supermercado _____

Marcos y sus amigos...

4. hacer / mandados _____
5. dormir / siesta _____
6. lavar / ropa _____

Lucía y yo...

7. escuchar / radio _____
8. ir / centro comercial _____
9. hacer / quehaceres _____

Yo...

10. buscar / trabajo _____
11. llegar / tarde / cita _____
12. empezar / tarea de español _____

3 **Ser o ir** Indica qué verbo se utiliza en cada oración.

	ser	ir
1. Ayer hizo mucho calor. <u>Fui</u> a la piscina para refrescarme y tomar sol.	❏	❏
2. La semana pasada me visitó Mario. Él <u>fue</u> mi primer novio.	❏	❏
3. El año pasado <u>fue</u> muy difícil para mí. Tuve que trabajar y estudiar al mismo tiempo.	❏	❏
4. Esta semana <u>fui</u> dos veces a visitar a mis abuelos en Sevilla, en el sur de España.	❏	❏
5. El cumpleaños de Hernán <u>fue</u> muy aburrido. Para empezar, había pocos invitados y, justo cuando queríamos bailar, ¡el reproductor de MP3 se rompió!	❏	❏

4 **¿Qué pasó?** Marta no pudo ir a la fiesta de Esther. Completa la conversación telefónica con la forma correcta del pretérito de los verbos de la lista.

decir	llamar	perder	preguntar	tener
hacer	olvidar	poder	ser	venir

ESTHER Ayer tú no (1) _____ a la fiesta. Todos los invitados (2) _____ por ti.

MARTA Uy, lo siento, pero mi día (3) _____ terrible. Por la mañana, yo (4) _____ mi cartera con el documento de identidad y las tarjetas de crédito. Y Javier y yo (5) _____ que ir a la comisaría (*police department*).

ESTHER ¿De verdad? Lo siento. ¿Por qué ustedes no me (6) _____ por teléfono?

MARTA Nosotros no (7) _____ llamar a nadie. Yo (8) _____ mi teléfono celular en la casa.

ESTHER ¿Y qué te (9) _____ la policía?

MARTA Nada. Ellos me (10) _____ esperar horas allí y al final me dijeron que tenía que volver al día siguiente…

5 **Cuéntalo** Imagina que eres Esther. Escríbele una carta a una amiga contándole por qué Marta no pudo ir a tu fiesta. Usa el pretérito.

La fiesta fue muy divertida, pero Marta no pudo venir…

_____
_____
_____
_____
_____

6 **¿Qué te pasó?** Piensa en alguna historia divertida que te sucedió a ti y describe qué pasó, cuándo ocurrió, etc. Escribe un mínimo de cinco oraciones y usa por lo menos cuatro verbos de la lista en el pretérito.

conducir	hacer	pedir	poner	querer	traer

_____
_____
_____
_____
_____

Lección 3

7 Conversación telefónica La mamá de Andrés lo llama para ver cómo fue su semana. Completa la conversación con el pretérito de los verbos de la lista. Algunos verbos se repiten.

> andar   da   ir   ser   barrer   hacer   quitar   tener

MAMÁ Hola, Andrés, ¿qué tal las clases?

ANDRÉS Hola, mamá. Pues en la clase de historia (1) _____ un examen el lunes. En la clase de química, el profesor nos (2) _____ una demostración en el laboratorio.

MAMÁ ¿Y el resto de las clases?

ANDRÉS (3) _____ muy fáciles, pero los profesores nos (4) _____ mucha tarea.

MAMÁ ¿Cómo está tu cuarto? ¿Está muy sucio (*dirty*)?

ANDRÉS ¡Está perfecto! Ayer (5) _____ la limpieza: (6) _____ el piso y (7) _____ el polvo de mis muebles.

MAMÁ ¿Qué hiciste con tus amigos el sábado por la noche?

ANDRÉS Nosotros (8) _____ por el centro de la ciudad y (9) _____ a un restaurante. (10) _____ una noche muy divertida.

8 Vienen los abuelitos Tus abuelos vienen a tu casa. Tu mamá quiere saber si ya hiciste todo lo que te pidió, pero tú ya sabes lo que te va a preguntar. Completa sus preguntas y después contéstalas.

> **modelo**
> ¿Ya... (conseguir las entradas para el concierto)?
> —¿Ya conseguiste las entradas para el concierto?
> —Sí, mamá, ya conseguí las entradas para el concierto.

1. ¿Ya... (lavar los platos)? _____

2. ¿Ya... (ir al supermercado)? _____

3. ¿Ya... (pasar la aspiradora)? _____

4. ¿Ya... (quitar tus cosas de la mesa)? _____

5. ¿Ya... (hacer las reservaciones)? _____

6. ¿Ya... (limpiar el baño)? _____

9 Un problema Quieres devolver unos zapatos y pedir un reembolso, pero la zapatería no acepta cambios después de una semana. En parejas, improvisen la conversación entre el/la cliente/a y el/la gerente (*manager*). El/La cliente/a debe tratar de convencer al/a la gerente de que le devuelva el dinero.

Nombre _____ Fecha _____

10 Para eso están los amigos Mateo llamó a dos amigos para que lo ayudaran a limpiar la casa. Escucha lo que Mateo le cuenta a Amparo cuando ella regresa del trabajo, e indica en la tabla quién hizo cada tarea.

	poner la comida en el refrigerador	separar los ingredientes para la comida	ir al supermercado	hervir las papas y los huevos	traer productos de limpieza
Mateo					
Paco					
José Luis					

11 Completar Vuelve a escuchar lo que Mateo le cuenta a Amparo y completa las oraciones.

1. Mateo _____ a un par de amigos esta mañana.
2. Amparo los _____ en su fiesta de cumpleaños.
3. Ellos _____ muy tarde debido al tráfico.
4. José Luis _____ al supermercado y _____ todas las cosas que pidió Amparo.
5. Cuando Paco _____, se puso a limpiar la cocina y _____ toda la comida en el refrigerador.
6. Paco incluso _____ productos de limpieza.

12 ¿Y tú? ¿Recuerdas qué hiciste la última vez que estuviste solo/a en tu casa o apartamento? Contesta las preguntas que escuches siguiendo el modelo, después repite la respuesta correcta.

> **modelo**
> *Tú escuchas:* El primer día, ¿miraste televisión todo el día o limpiaste la casa primero?
> *Tú lees:* limpiar la casa
> *Tú dices:* Limpié la casa primero.

1. tres días
2. pasar la aspiradora
3. pizza
4. mi mejor amiga
5. no
6. sí / a la oscuridad
7. ver una película
8. pasarlo muy bien

Nombre: Kalina Kim   Fecha: 3/24/25

3.2 The imperfect

1 **Tomás de vacaciones** Completa las oraciones con la forma correcta del imperfecto de los verbos entre paréntesis.

Fui a El Corte Inglés, un gran almacén (*department store*) que (1) __quedaba__ (quedar) un poco lejos de mi hotel. (2) __Había__ (haber) mucho tráfico y yo no (3) __quería__ (querer) tomar un taxi. Fui a la parada, pero el autobús no (4) __venía__ (venir), así que decidí caminar por La Castellana. Al llegar, vi a muchas personas que (5) __estaban__ (estar) comprando ropa. (6) __había__ (haber) muchísimas gangas. Todo el mundo me (7) __saludaba__ (saludar) muy amablemente. No (8) __pensaba__ (pensar) comprar nada, pero al final compré unos cuantos regalos. También (9) __había__ (haber) restaurantes cerca de El Corte Inglés. Los camareros (*waiters*) (10) __era__ (ser) muy amables. Al final, fui a comer a un restaurante de tapas buenísimo.

2 **Recuerdos** Completa las oraciones con la forma correcta del imperfecto de los verbos entre paréntesis.

Cuando era niña, (1) __vivía__ (vivir) con mis padres y mis hermanos. Yo soy la mayor. Mi madre empezó a trabajar cuando yo (2) __tenía__ (tener) doce años, así que yo (3) __cuidaba__ (cuidar) a mis hermanos menores. Todas las mañanas, los (4) __despertaban__ (despertar) y les (5) __hacía__ (hacer) el desayuno. Después, mis hermanos y yo (6) __iba__ (ir) a la escuela. Cuando nosotros (7) __volvíamos__ (volver) de la escuela, yo (8) __hacía__ (hacer) la tarea. Yo (9) __sabía__ (saber) que no (10) __podía__ (poder) ir a la escuela que yo (11) __quería__ (querer) porque estaba muy lejos y el autobús no pasaba por mi casa. Así que fui a la que (12) __estaba__ (estar) cerca de casa y allí conocí a quienes hoy son mis mejores amigos.

3 **Diferencias culturales** Dos semanas después de su llegada a España, un estudiante llamó a su familia. Completa las oraciones según el modelo.

> **modelo**
> Yo pensaba que *en España hacía siempre calor*, pero hay días que hace frío.

1. Yo creía que __en España la gente hablaba sólo en español__, pero muchos españoles hablan inglés.
2. Yo pensaba que __las tiendas y oficinas en España no cerraban temprano__, pero todavía hay oficinas y tiendas que cierran tres horas para el almuerzo y la siesta.
3. Antes creía que __sólo se hablaba Español__, pero, en verdad, en algunas regiones también se hablan otros idiomas.
4. Antes pensaba que __la comida de España era muy rara__, pero ahora adoro la comida española.
5. Creía que __España era un país muy pequeño__, pero es más grande que mi ciudad.
6. Yo pensaba que __los Americanos y Españoles teníamos horarios similares__, pero los horarios de los españoles son muy diferentes.

Nombre: Kalina Kim   Fecha: 3/25/25

4 Cuando eran niños Estas personas mostraron de niños cuál sería su profesión. Usa los verbos entre paréntesis en imperfecto para completar las oraciones contando lo que hacían en su infancia.

> **modelo**
> Héctor es arquitecto. De niño (construir) *construía casas de barro* (mud) *en el patio de su casa.*

1. Marcela es maestra. De niña (enseñar) _enseñaba sus primos_.
2. Gustavo es filósofo. De niño (preguntar) _preguntaba preguntas en clase_.
3. Daniel es contador (*accountant*). De niño le (gustar) _gustaba matemáticas_.
4. Miguel es músico. De niño (cantar) _siempre cantaba en la ducha_.
5. Yo soy bailarina. De niña (bailar) _bailaba para mi escuela_.
6. Isabel y Teresa son escritoras. De niñas (leer) _leían libros en su tiempo libre_.
7. Pablo y yo somos policías. De niños (jugar) _jugábamos a policías y ladrones_.

5 Tu infancia Contesta estas preguntas sobre tu infancia con oraciones completas.

1. ¿Con quién(es) vivías cuando eras niño/a?
   Cuando era niña yo vivía con mis padres.
2. ¿Cuántos/as amigos/as tenías?
   Cuando era niña no tenía tantos amigos.
3. ¿Qué juegos preferías?
   Cuando era niña yo prefería jugar con las muñecas.
4. ¿Qué libros te gustaba leer?
   Cuando era niña me gustaba los libros de fic
5. ¿Qué programas veías en la televisión?
   Cuando era niña yo veía caricaturas como "Dora the Explorer", "Mickey Mouse", y otras.
6. ¿Cómo era tu personalidad?
   Cuando era niña era más tímida.

6 Otras generaciones Busca a una persona mayor que tú —puede ser tu madre, tu padre, tu abuelo/a o algún profesor— y hazle una entrevista sobre su infancia. Puedes usar como guía la actividad anterior. Escribe al menos cinco preguntas y las respuestas de la persona a la que entrevistaste.

Lección 3

Nombre: Kalina Kim   Fecha: 3/26/25

7 Oraciones incompletas
Termina las oraciones con el imperfecto.

1. Cuando yo era niño/a _siempre miraba programas en la televisión_.
2. Todos los veranos mi familia y yo _íbamos a la playa_.
3. Durante las vacaciones, mis amigos siempre _se quedaban despiertos hasta tarde_.
4. En la escuela primaria, mis maestros nunca _les gritaban a los estudiantes_.
5. Mis hermanos y yo siempre _jugábamos juegos juntos_.
6. Mi abuela siempre _cocinaba comida para mi familia_.

8 Un robo
El sábado por la tarde unos jóvenes le robaron la bolsa a una anciana en el parque. Ese día tú andabas por el mismo parque con tus amigos. Un policía quiere saber lo que hacías para averiguar si participaste en el robo. Contéstale usando el imperfecto.

1. ¿Dónde estabas alrededor de las dos de la tarde?
   Estaba caminando hacia al parque y acabo de llegar
2. ¿Qué llevabas puesto (were you wearing)?
   Llevaba un vestido rojo y zapatos negros.
3. ¿Qué hacías en el parque?
   Estaba llevando mis amigos a jugar al parque
4. ¿A qué jugabas?
   Estábamos jugando en los columpios.
5. ¿Quiénes estaban contigo?
   Mis amigos estaban conmigo
6. ¿Adónde iban ese día?
   Íbamos a caminar al jardín en el parque
7. ¿Qué otras personas había en el parque?
   Otras personas que estaban en el parque eran jóvenes y señores.
8. ¿Qué hacían esas personas?
   Los jóvenes estaban jugando fútbol y los señores estaban leyendo.

9 Las tareas del hogar
Cuando eras niño/a, ¿cuáles eran tus obligaciones en la casa? ¿Qué te mandaban hacer tus padres? En parejas, conversen sobre cuáles eran sus obligaciones. ¿Hacían ustedes tareas similares?

10 ¿Cómo ha cambiado tu vida?
Piensa en cómo era tu vida hace cinco años. ¿Cómo ha cambiado? En parejas, hablen de estos cambios. Escriban una lista de las responsabilidades que tienen ahora y las que tenían antes. Traten de incluir el mayor número posible de detalles.

modelo
Cuando estaba en el quinto grado no tenía mucha tarea, pero ahora tengo muchísima. Me paso toda la tarde en la biblioteca.

Nombre _____ Fecha _____

11 Cuando era soltero... Mateo está pensando en cómo era su vida antes de conocer a Amparo. Escucha lo que dice y después contesta las preguntas.

1. ¿Qué hacía Mateo todas las noches? Mateo _____ todas las noches.

    a. salía a comer   b. iba al cine   c. salía con sus amigos

2. ¿Limpiaba el apartamento a menudo? _____ su apartamento.

    a. Sí, limpiaba a menudo   b. No, nunca limpiaba   c. A veces limpiaba

3. ¿Cómo pagaba sus compras? Siempre pagaba con _____.

    a. dinero en efectivo   b. tarjetas de débito   c. tarjetas de crédito

4. ¿Tenía dinero? _____.

    a. No, pero no tenía deudas   b. No, tenía muchas deudas   c. Sí, tenía mucho dinero

5. ¿Por qué lo pasaba fatal? Lo pasaba fatal porque _____.

    a. era muy tímido   b. no tenía vida nocturna   c. era muy aburrido

12 El gran cambio Elena era antipática y decidió cambiar. Usa la información sobre su situación en el pasado para describir a la Elena de antes. Después, escucha la respuesta correcta y repítela.

> **modelo**
> Tú escuchas: Ahora yo hablo con mucha calma.
> Tú lees: muy rápido
> Tú dices: Antes yo hablaba muy rápido.

En el pasado
1. con estrés y ansiedad
2. cada cinco minutos
3. una persona agresiva
4. por los detalles más pequeños
5. muy temprano los fines de semana
6. nunca
7. de mal humor
8. la persona más antipática

13 ¿Cómo eras tú antes? Piensa en cómo eras tú cuando estabas en la escuela primaria. ¿Tenías la misma personalidad que ahora? Contesta las preguntas en el espacio indicado.

1. _____
2. _____
3. _____
4. _____

Lección 3

Audio Activities

Nombre Kalina Kim   Fecha 4/1/25

3.3 The preterite vs. the imperfect

1 **Todo en orden** Completa el texto con el pretérito o el imperfecto del verbo entre paréntesis.

Después de pasar tres días en cama, Miguel (1) _se levantó_ (levantarse) para ir un rato a la oficina. (2) _quería_ (querer) limpiar un poquito y prepararles el café a los muchachos, pero cuando (3) _llegó_ (llegar), (4) _se encontró_ (encontrarse) con una sorpresa. Andrea (5) _pasaba_ (pasar) la aspiradora por las alfombras. Francisco le (6) _quitaba_ (quitar) el polvo a los escritorios con un plumero. Daniel (7) _limpiaba_ (limpiar) las computadoras. Verónica (8) _servía_ (servir) el café. Nuria (9) _hacía_ (hacer) la limpieza del baño. Y Carlos (10) _se ocupaba_ (ocuparse) de su oficina. Todos (11) _se sorprendieron_ (sorprenderse) cuando (12) _vieron_ (ver) a Miguel. Rápidamente lo (13) _enviaron_ (enviar) de nuevo a la cama. En la oficina, todo (14) _estaban_ (estar) en orden.

2 **Quehaceres cotidianos** Completa el párrafo con las palabras y expresiones de la lista.

> al final   después de (2)   luego   primero
> antes   la última vez   mientras (2) siempre

El señor Gómez (1) _____ se levantaba a las seis de la mañana. Vivía cerca de la oficina, pero le gustaba llegar temprano. (2) _____ de salir de su casa, tomaba un desayuno bien completo: café con leche, tostadas, queso y fruta. Ya en la oficina, (3) _____ se reunía con su secretaria para repasar (*go over*) la agenda del día. (4) _____ repasar la agenda, se tomaba un café (5) _____ leía las noticias del día. (6) _____, el señor Gómez recibía a los clientes que querían hablar con él. Su rutina cambió mucho (7) _____ jubilarse, pero (8) _____ se acostumbró a la nueva vida. (9) _____ disfruta de su tiempo libre, recuerda con cariño (10) _____ que fue a la oficina.

3 **La vida diaria de alguien famoso** Imagina la vida de una persona famosa. Luego, completa estas oraciones con información sobre esta persona usando el pretérito o el imperfecto.

1. Anoche _tuvo un concierto._
2. Cuando era niño/a _tomó clases de canto._
3. Durante tres horas _practicó una canción en mi guitarra._
4. Esta mañana _escuchó mi canción._
5. Siempre _tomaba fotos con las fans._
6. La semana pasada _fue a un evento de gala._
7. Hace diez años _encontró su amor por el canto._
8. Nunca _tuvo miedo de actuar frente a la gente._

Nombre: Kalina Kim   Fecha: 4/2/25

4 Cambios
Imagina que tú vivías en el centro de la ciudad, pero el mes pasado tus padres compraron una casa en las afueras. Completa las oraciones con la forma correcta del pretérito o el imperfecto de los verbos entre paréntesis.

1. (conocer)

   Antes yo no _____ a ninguno de mis vecinos (*neighbors*).

   Ayer _____ a todos los vecinos de mi cuadra en una fiesta que organizó una vecina.

2. (querer)

   Antes, si mis amigos y yo _____ salir tarde por la noche, lo hacíamos sin preocuparnos por la seguridad.

   El otro día, mis amigos no _____ venir a verme porque tenían miedo de volver de noche a su casa.

3. (poder)

   Hace un mes, no _____ dormir porque mi calle era ruidosa.

   Ayer, finalmente _____ dormir como un bebé.

4. (saber)

   Hace un mes, no _____ que mi vida iba a ser tan diferente.

   Hace poco yo _____ que una amiga también se había ido de la ciudad.

5 ¿Eres el/la mismo/a?
Escribe dos párrafos. En el primero, describe cómo **eras** y lo que **hacías** cuando eras niño/a. En el segundo, describe los sucesos (*events*) más importantes que te ocurrieron el año pasado. Usa al menos seis verbos de la lista en pretérito o en imperfecto, según corresponda.

acostumbrarse	decidir	pasarlo bien	soler
averiguar	disfrutar	probar	tener
comprar	estar	relajarse	tomar
dar un paseo	leer	ser	vivir

Cuando era niño/a disfrutaba ir al parque y leer libros. Era tímido, pero hablaba mucho cuando te conocí. Tenía muchos juguetes. Vivía con mis hermanos y siempre intentaba jugar con ellos. A veces estaban ocupados, así que tenía un amigo imaginario.

El año pasado Fui a la playa en verano y di un paseo. Decidí jugar lacrosse en el club también en verano. Me relajé mucho durante las vacaciones de verano. ¡Me la pasé bien e hice muchos amigos nuevos en la escuela. Me tomé mucho tiempo para desarollar buenos hábitos.

6 Distintos significados Completa las oraciones con el pretérito o el imperfecto. Recuerda que cuando se usan estos verbos en el pretérito tienen un significado distinto al del imperfecto.

1. Cuando yo era niño, nunca _____ (querer) limpiar mi habitación, pero mis padres me obligaban a hacerlo.
2. Mi amigo ya _____ (poder) hablar chino y japonés cuando tenía siete años.
3. Finalmente, después de preguntar por todos lados, Ana _____ (saber) dónde comprar las entradas para el concierto.
4. Mis padres _____ (querer) mudarse a México. Estaban cansados de vivir en Europa.
5. Se rompió el televisor. Por suerte, mi amigo Juan Carlos _____ (poder) arreglarlo.
6. Mi hermano _____ (conocer) a su novia en el centro comercial.
7. Mi abuela _____ (saber) cocinar muy bien.
8. Miguel y Roberto completaron el formulario, pero no _____ (querer) contestar la última pregunta.

7 ¿Pretérito o imperfecto? Indica si normalmente debes usar el pretérito (P) o el imperfecto (I) con estas expresiones de tiempo. Después, escribe cinco oraciones con estas expresiones.

P el año pasado   I siempre   P ayer por la noche   I todas las tardes
I todos los días   I mientras   P el domingo pasado   P una vez

1. Ayer por la noche me cepillé los dientes.
2. Siempre solía ir al parque
3. El domingo pasado yo visité a mis primos.
4. Todos los días solía caminar a casa.
5. Una vez dormí 14 horas

8 Mi mejor año ¿Cuál fue tu mejor año en la escuela? Escribe una historia breve sobre ese año. Recuerda que para narrar series de acciones completas debes usar el pretérito y para describir el contexto o acciones habituales en el pasado debes usar el imperfecto. Comparte tu historia con la clase.

modelo
Creo que mi mejor año fue el segundo grado. Yo vivía con mi familia en Toronto, pero ese año nos mudamos a Vancouver...

9 Lo que sentía En parejas, conversen sobre tres situaciones o momentos de la niñez en los cuales sintieron algunas de estas emociones. Pueden inventar situaciones si quieren. Luego compartan con la clase lo que le pasó a la otra persona y lo que él/ella sintió. Utilicen el pretérito y el imperfecto.

- agobiado/a
- asombrado/a
- confundido/a
- feliz
- hambriento/a
- solo/a

10 Un chico con suerte Ricardo es un estudiante con poca experiencia que acaba de conseguir su primer trabajo. Escucha la conversación entre Ricardo y su mamá sobre la entrevista e indica si las oraciones son **ciertas** o **falsas**.

Cierto Falso

1. Ricardo conoció a su nuevo jefe en la cafetería antes de la entrevista.
2. El señor Álvarez suele entrevistar personalmente a los candidatos.
3. El día de la entrevista la secretaria del señor Álvarez estaba de vacaciones.
4. Cuando era niño el señor Álvarez vivió en Milán.
5. La señora Álvarez habla francés porque vivió muchos años en París.
6. La señora Álvarez estudió ingeniería.
7. El señor Álvarez antes era agricultor, pero ahora trabaja en un banco.
8. El señor y la señora Álvarez se mudaron hace poco a una casa nueva en el campo.

11 Preparativos para la cena Escucha lo que cuenta Isabel sobre la cena e indica si los verbos de la lista se usan en el pretérito o el imperfecto.

Infinitivo	Pretérito	Imperfecto
1. tener	X tuvo	tenía
2. ordenar	X ordenó	ordenaba
3. limpiar	X limpió	limpiaba
4. hacer la cena	hizo la cena	hacía la cena X
5. darse cuenta	se dio cuenta	X se daba cuenta
6. mirar	miró	X miraba
7. enfadarse	se enfadó X	se enfadaba
8. poner	puso X	ponía
9. hacer	hizo X	hacía
10. terminar	terminó X	terminaba
11. comenzar	comenzó X	comenzaba
12. irse	se fue X	se iba

12 Una cena divertida Completa las oraciones con el verbo en pretérito o imperfecto. Sigue el modelo. Después, repite la respuesta correcta.

modelo
Tú escuchas: El hombre que <beep> a mi lado era el señor Álvarez.
Tú lees: estar
Tú dices: El hombre que estaba a mi lado era el señor Álvarez.

1. ser
2. estar
3. estudiar
4. conseguir
5. preparar
6. mirar

Lección 3 Audio Activities

Nombre _____   Fecha _____

Gramática adicional

3.4 Telling time

1 ¿A qué hora? Escribe la hora que marca cada reloj usando oraciones completas.

 1.    2.    3.

1. _____
2. _____
3. _____

2 Programación Mira la programación televisiva y contesta estas preguntas.

1. ¿A qué hora empieza *Trucos para la escuela*? _____
2. ¿A qué hora termina el documental *Naturaleza viva*? _____
3. ¿Cuándo empieza la comedia *Mi familia latina*? _____
4. ¿A qué hora dan *Historias policiales*? _____
5. ¿A qué hora es el noticiero? _____
6. ¿Cuándo comienzan los *Dibujos animados clásicos*? _____

3 Antes y ahora Contesta estas preguntas sobre tus horarios cuando eras niño/a y ahora.

1. levantarse los domingos
   Cuando era niño/a _me levantaba a las diez y media._
   Ahora _____

2. acostarse durante la semana
   Cuando era niño/a _____
   Ahora _____

3. almorzar
   Cuando era niño/a _____
   Ahora _____

Atando cabos: Pronunciación

Linking

Spanish often links words together based on the last sound of one word and the first sound of the next one. This tendency is why, when listening to native speakers, it may seem difficult to determine where one word ends and the next begins.

Vowel + same vowel

When one word ends with a vowel and the next word begins with the same vowel or same vowel sound, the two identical vowels fuse and sound as a single vowel. Listen to the following examples and repeat them after the speaker.

de entonces   **convertirse en**   **fue en**
llegada a   **para algunos**   **este examen**

Vowel + different vowel

When one word ends with a vowel and the next word begins with a different vowel or vowel sound, both sounds are pronounced as if they were one single syllable. Listen to the following examples and repeat them after the speaker.

puedo escribir   **como antes**   **políticamente incorrecto**
le importa   **nombre artístico**   **estudiaba ingeniería**

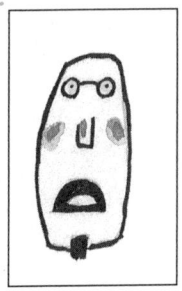   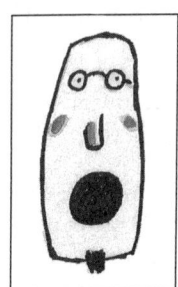 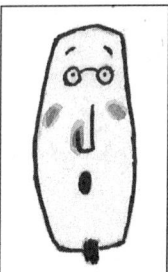

Consonant + vowel

When one word ends with a consonant and the next word begins with a vowel or a vowel sound, it sounds as though the consonant were actually occurring at the beginning of the following syllable. Listen to the following examples and repeat them after the speaker.

el humor   **el último**   **grandes ojos**
un ejemplo   **las opiniones**   **al igual**

Atando cabos: Lectura

1 **Antes de leer** ¿Qué costumbres relacionadas con la comida son características de tu cultura?

_____
_____
_____

Los horarios de las comidas

Los horarios del almuerzo varían de país a país. En España, la gente come entre la 1 y las 3 de la tarde (y la palabra *almuerzo* se usa para referirse a un refrigerio que se come a las 11 o las 12). En Argentina, Chile y Colombia, por otro lado, se almuerza generalmente entre las 12 y las 2 de la tarde.

Por lo general, se puede decir que en el mundo hispano las familias se siguen reuniendo para el almuerzo, pues éste es un buen momento para socializar. En muchos países, por ejemplo, los miembros de las familias suelen vivir cerca y se reúnen los fines de semana para almorzar.

- Aunque la costumbre de dormir una breve siesta después del almuerzo se va perdiendo debido a los cambios en los horarios de trabajo, todavía se mantiene con vigor en muchos países, especialmente en pueblos y ciudades pequeñas.
- Un hábito muy común en México consiste en desayunar un café. Aproximadamente a las 11 de la mañana se come una buena ración de tacos. A esta comida se le llama *almuerzo*. La comida principal es entre las 2 y las 4 de la tarde.
- Así como en muchos lugares se consume pan con las comidas, en muchos países existen productos equivalentes. En Venezuela y Colombia, por ejemplo, es común acompañar las comidas con arepas, mientras que en México se acompaña la comida con las tortillas.

2 **Después de leer**

A. Completar Completa estas oraciones con la opción adecuada.

1. En Argentina normalmente se almuerza entre las _____.
   a. tres y las cinco   b. doce y las dos   c. once y las doce

2. El almuerzo en los países latinos es un buen momento para _____.
   a. dormir la siesta   b. socializar   c. trabajar

3. En muchos países hispanos se consumen _____.
   a. distintos tipos de pan   b. otros productos equivalentes al pan   c. tortillas

B. Responder Responde a estas preguntas con oraciones completas.

1. ¿Se reúne tu familia tan frecuentemente para comer como en los países hispanos?
   _____

2. ¿Hay costumbres de los países hispanos que te gustaría incluir en tu rutina? ¿Cuáles?
   _____

3. ¿Qué costumbres del mundo hispano no funcionarían en tu país?
   _____

Nombre _____ Fecha _____

Atando cabos: Composición

Imagina que estás en España con un grupo de estudiantes de tu escuela. Llegaste hace una semana y vas a escribir una carta a tu familia describiendo tu rutina diaria y las actividades que hiciste durante esa primera semana en España.

Preparación

Piensa en las diferencias de la vida diaria de un estudiante en España y de un estudiante en tu país. Luego, haz una lista de las costumbres de tu país y otra lista de las costumbres y formas de vida españolas. Piensa en los horarios de las comidas, las visitas a amigos, las compras, los lugares que frecuentaste, etc.

Las costumbres de mi país	Las costumbres de España

Composición

Escribe una carta a tu familia contando tu experiencia en España. Continúa tu composición en una hoja aparte.

- Describe cómo es un día típico en España. Incluye horarios y diferencias culturales.
- Explica las diferencias culturales entre tu país y España.
- Termina con un saludo.

_____
_____
_____
_____
_____
_____
_____
_____
_____
_____
_____
_____
_____
_____

Contextos

Lección 4
La salud y el bienestar

1   Completa Escribe la palabra que corresponde a cada definición.

1. sinónimo de ponerse bien: _____
2. persona que opera en un hospital: _____
3. lo contrario de adelgazar: _____
4. muy cansada: _____
5. se pone en un hueso roto: _____
6. pastilla para el dolor fuerte: _____
7. quedarse despierto hasta muy tarde en la noche: _____
8. medicina líquida: _____

2   La intrusa Elige la expresión o la palabra que no pertenece al grupo.

1. curarse   ponerse bien   recuperarse   empeorar
2. inflamado   mareado   resfriado   sano
3. la gripe   la vacuna   el virus   la enfermedad
4. la autoestima   el bienestar   la salud   la cirugía
5. el resfriado   el tratamiento   la gripe   la tos
6. el yeso   la aspirina   el jarabe   el calmante
7. contagiarse   enfermarse   empeorar   curativo
8. estar a dieta   toser   adelgazar   engordar

3   ¿Quién lo dice? Lee los comentarios que una paciente escuchó mientras estaba en el hospital. Luego indica quién dijo cada uno.

____ 1. ¿Cuándo me va a quitar el yeso, doctora?   a. un niño que acaba de desmayarse
____ 2. Con este jarabe para la tos, me voy a poner bien. b. una enfermera
____ 3. ¡Este dolor no se me va ni con aspirinas!   c. una niña que tose mucho
____ 4. ¡La temperatura está muy alta!   d. un paciente con una pierna rota
____ 5. Mamá, ¿dónde estoy? ¿Qué pasó?   e. una mujer con fiebre
____ 6. Le voy a poner una vacuna.   f. un chico con dolor de cabeza

Nombre _____ Fecha _____

Lección 4

4 **En el hospital** Escribe oraciones usando en cada una dos palabras de la lista que estén relacionadas. Sigue el modelo. Puedes repetir palabras.

cirujano	jarabe	sala de operaciones
consultorio	operación	tos
herida	receta	venda
inyección	resfriado	virus

1. El **cirujano** trabaja en la **sala de operaciones**.
2. _____
3. _____
4. _____
5. _____
6. _____

5 **Clasificar** Clasifica las palabras de la lista en la categoría apropiada. Luego, escribe cuatro oraciones usando en cada una por lo menos dos palabras de la lista.

desmayarse	el resfriado	permanecer en cama
el calmante	estar a dieta	toser
el cáncer	la aspirina	tener fiebre
el jarabe	la gripe	tomar pastillas

Medicamentos	Tratamientos	Enfermedades	Síntomas

1. _____
2. _____
3. _____
4. _____

Lección 4 Contextos Activities

Nombre _____   Fecha _____

6 Identificación Escucha las siguientes definiciones de palabras o expresiones relacionadas con la salud. Después, escribe el número de la descripción correspondiente a cada una de las palabras de la lista.

__1__ a. tener fiebre   _____ d. cirujano/a   _____ g. consultorio

_____ b. vacuna   _____ e. obesidad   _____ h. jarabe

_____ c. sano/a   _____ f. relajarse   _____ i. desmayarse

7 En el consultorio del médico Escucha la conversación entre el doctor Pérez y Rosaura. Después, indica todos los síntomas que menciona Rosaura en la conversación.

_____ malestar general   _____ ansiedad   _____ dolor de espalda

_____ tos continua   _____ la tensión baja   _____ depresión

_____ la tensión alta   _____ fiebre alta   _____ vómitos

8 La salud de Rosaura Ahora escucha otra conversación entre el doctor Pérez y Rosaura e indica si las oraciones son **ciertas** o **falsas**.

Cierto Falso

☐ ☐ 1. Manuela del Campo es una cirujana.
☐ ☐ 2. El doctor Pérez quiere que Rosaura hable con Manuela.
☐ ☐ 3. A Rosaura no le gustan los doctores como Manuela porque piensan que ella es tonta.
☐ ☐ 4. Rosaura piensa hacer muchas consultas a la psiquiatra.
☐ ☐ 5. Rosaura va a llamar al doctor Pérez la próxima semana para contarle todo.
☐ ☐ 6. Para el doctor Pérez, el trabajo es tan importante como la salud.

9 ¿Cómo estás? Contesta las preguntas del doctor Pérez. Luego, escucha y repite la respuesta correcta.

> **modelo**
> Tú escuchas: ¿Qué le duele?
> Tú lees: cabeza
> Tú dices: Me duele la cabeza.

1. alimentación
2. brazo
3. resfriado
4. fiebre
5. mareado
6. dieta

Lección 4

Audio Activities

¿Dulces? No, gracias.

Antes de ver el video

1 **¡Adiós, dulcísimos!** A Johnny le encantan los dulces, pero ha decidido mejorar su alimentación y, por eso, parece que Johnny se está despidiendo de los dulces. ¿Qué crees que está diciendo? Imagina un monólogo y escríbelo.

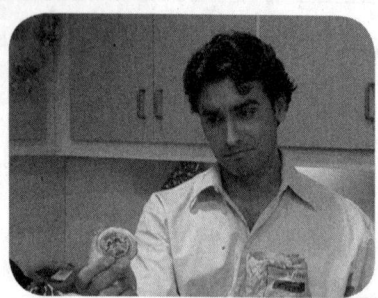

_____
_____
_____
_____
_____
_____
_____

Mientras ves el video

2 **Completar** Escucha con atención la escena en la sala de reuniones y completa la conversación entre Aguayo, Diana, Éric y Mariela.

AGUAYO Quiero que (1) _____ unos cambios a estos (2) _____.

DIANA (3) _____ que son buenos y (4) _____, pero tienen dos problemas.

ÉRIC Sí. Los (5) _____ son buenos no son originales, y los que son originales no son (6) _____.

AGUAYO ¿Qué (7) _____?

AGUAYO ¿(8) _____ la voz?

DIANA (9) _____ a Dios... Por un momento (10) _____ que me había quedado (11) _____.

AGUAYO Pero estás (12) _____, deberías estar en (13) _____.

ÉRIC Sí, (14) _____ haber llamado para (15) _____ que no (16) _____.

3 **¿Cuándo pasó?** Ordena las oraciones cronológicamente.

_____ a. Fabiola y Johnny hablan en la cocina.

_____ b. Mariela no puede contestar el teléfono de Aguayo.

_____ c. Johnny llega a la oficina muy temprano.

_____ d. Johnny come la Chocobomba.

_____ e. Don Miguel come un dulce.

Nombre _____ Fecha _____

Después de ver el video

4 **Oraciones falsas** Estas oraciones son falsas. Reescríbelas con la información correcta.

1. **Johnny:** Madrugué para ir al acuario.

2. **Diana:** A veces me dan ganas de comer, y entonces hago ejercicio hasta que se me pasan las ganas.

3. **Fabiola:** Yo, por ejemplo, no como mucho; pero trato de descansar y hacer poco ejercicio.

4. **Johnny:** Comida bien grasienta (*greasy*) y alta en calorías. Juré que jamás volvería a probar las verduras.

5. **Johnny:** Si no puedes comer bien, disfruta comiendo mal. No soy feliz.

5 **¿Estás de acuerdo con ellos?** Explica qué hacen estos tres personajes, o qué piensan que deben hacer, para mantenerse sanos, en forma y felices. Luego, explica si estás de acuerdo o no con cada uno de ellos y por qué.

6 **¿Adictos a la vida sana?** ¿Cómo es un(a) estudiante típico/a de tu escuela? ¿Lleva una dieta sana o come comidas rápidas? ¿Hace ejercicio o prefiere descansar "hasta que se le pasen las ganas" como Diana? ¿Y tú? ¿Eres o no adicto/a a la vida sana?

Estructura

4.1 The subjunctive in noun clauses

1 **Enfermo del corazón** Completa la conversación de Gustavo con su médico con la forma adecuada del subjuntivo.

MÉDICO Buenas tardes. ¿Cómo está usted?

GUSTAVO Buenas tardes, doctor. Es urgente que me (1) _____ (ayudar). Es posible que (2) _____ (estar) muy enfermo.

MÉDICO No creo que (3) _____ (ser) tan grave. ¿Qué le sucede?

GUSTAVO No puedo dormir. No puedo comer. No puedo estudiar. No puedo trabajar.

MÉDICO Es necesario que me (4) _____ (dar) más información. ¿Tiene fiebre, dolores físicos, tos? ¿Está resfriado? ¿Se ha desmayado?

GUSTAVO No, nada de eso, pero no quiero que mis amigos me (5) _____ (invitar) a salir; no me gusta que mi padre me (6) _____ (decir) lo que tengo que hacer; me molesta que mis profesores me (7) _____ (pedir) tareas. Sólo quiero que Pilar (8) _____ (venir) a verme, que me (9) _____ (hablar), que me (10) _____ (mirar), que me...

MÉDICO ¡Interesante! ¿Y Pilar le habla, lo mira y quiere pasar tiempo con usted?

GUSTAVO No, ése es el problema.

MÉDICO Bueno, entonces le sugiero que (11) _____ (quedarse) tranquilo. Y le aconsejo que le (12) _____ (explicar) a Pilar lo que usted siente. También le recomiendo que pida una cita con un psicólogo de la clínica.

2 **Oraciones** Vuelve a leer la actividad anterior y luego completa estas oraciones usando el presente de subjuntivo.

1. Dudo que Gustavo _____
2. No creo que el doctor _____
3. Es probable que Gustavo _____
4. Ojalá que Pilar _____
5. Temo que Pilar _____
6. Es posible que Gustavo _____
7. Es necesario que Pilar _____
8. Deseo que Gustavo y Pilar _____

3 **¿Qué recomienda el doctor?** Completa las recomendaciones que el doctor Perales les da a sus pacientes con las palabras entre paréntesis. Usa la forma adecuada del verbo.

¿Qué le dijo el doctor…	Recomendaciones
1. al paciente que tiene un yeso en la pierna?	Insisto en que no (apoyar / la pierna) _____ durante 48 horas. No quiero que (romperse / el yeso) _____.
2. al paciente que tiene tos?	Debe usar una bufanda si desea que (mejorar / su salud) _____.
3. a la mujer que tiene el brazo lastimado?	Le recomiendo que (cambiar / la venda) _____ tres veces al día. Espero que no (inflamarse / la herida) _____.
4. a la niña que tiene tos?	Te sugiero que (tomar / este jarabe) _____ si quieres que (curarse / la tos) _____.
5. al paciente que está resfriado?	Es importante que (quedarse / en casa) _____. Tengo miedo que (contagiar / a otras personas) _____.
6. a la madre de un niño pequeño?	Es necesario que (vacunar / a su hijo) _____.

4 **La paciente impaciente** Completa la conversación con el presente del indicativo o el presente del subjuntivo de los verbos entre paréntesis.

PACIENTE Buenos días, (1) _____ (desear) que el doctor González me (2) _____ (examinar).

RECEPCIONISTA Buenos días, señora. Lo siento, pero el doctor González no (3) _____ (atender) hoy. ¿La (4) _____ (poder) atender otro doctor?

PACIENTE (5) _____ (querer) que me (6) _____ (atender) el doctor González. No veré a otro doctor.

RECEPCIONISTA Y yo le (7) _____ (recomendar) que (8) _____ (ver) a otro doctor porque el doctor González no (9) _____ (venir) hoy.

PACIENTE (10) _____ (exigir) que le (11) _____ (decir) al doctor González que necesito verlo.

RECEPCIONISTA ¡El doctor González no (12) _____ (venir) hoy!

PACIENTE ¡Dudo que el doctor González no (13) _____ (venir) hoy! Creo que este consultorio (14) _____ (ser) bueno. ¡Pero no estoy segura de que los empleados (15) _____ (ser) competentes! ¡Quiero que (16) _____ (llamar) a su supervisor inmediatamente!

5 El doctor El doctor González escribe informes con el diagnóstico y las recomendaciones para cada paciente. Completa los informes con el indicativo o el subjuntivo de los verbos entre paréntesis.

Informe 1
Don José, creo que usted (1) _____ (sufrir) de mucho estrés. Usted (2) _____ (trabajar) demasiado y no (3) _____ (cuidarse) lo suficiente. Es necesario que usted (4) _____ (dormir) más horas. No creo que usted (5) _____ (necesitar) tomar medicinas, pero es importante que (6) _____ (controlar) su alimentación y (7) _____ (mantener) una dieta más equilibrada.

Informe 2
Carlitos, no hay duda de que tú (8) _____ (tener) varicela (*chicken pox*). Es una enfermedad muy contagiosa y por eso es necesario que (9) _____ (quedarse) en casa una semana. Como no podrás asistir a la escuela, te recomiendo que (10) _____ (hablar) con uno de tus compañeros y que (11) _____ (hacer) la tarea regularmente. Quiero que (12) _____ (aplicarse) (*to apply*) esta crema si te pica (*itches*) mucho la piel.

Informe 3
Susana y Pedro, es obvio que ustedes (13) _____ (tener) gripe. Para aliviar la tos, les recomiendo que (14) _____ (tomar) este jarabe por la mañana y estas pastillas por la noche. No creo que (15) _____ (necesitar) quedarse en cama. Les recomiendo que (16) _____ (beber) mucho líquido y que (17) _____ (comer) muchas frutas y verduras. Estoy seguro de que en unos días (18) _____ (ir) a sentirse mejor.

6 ¿Cómo terminan? Escribe un final original para cada oración. Usa el subjuntivo cuando sea necesario.

1. Es imposible que hoy _____
2. Dudo mucho que el profesor _____
3. No es cierto que mis amigos y yo _____
4. Es muy probable que yo _____
5. Es evidente que en el hospital _____
6. Los médicos recomiendan que _____

7 Reacciones En grupos, digan cómo reaccionarían en estas situaciones. Deben usar el subjuntivo en sus respuestas para mostrar emoción, incredulidad, alegría, rechazo, insatisfacción, etc.

> **modelo**
> Acabas de ganar un millón de dólares.
> ¡Es imposible que sea verdad! No puedo creer que...

1. Un día tu mamá va al banco y le dicen que ya no le queda un centavo. No van a poder comer esta semana.
2. Oyes que el agua que tomas del grifo (*tap*) está contaminada y que todos los habitantes de la ciudad se van a enfermar.
3. Llegas a la escuela el primer día y te dicen que no hay espacio para ti en la clase de inglés. Vas a tener que sentarte en el piso.
4. Tu mejor amigo/a te declara su amor e insiste en que sean novios.
5. Tu nuevo/a compañero/a de clase te dice que tiene la gripe aviar (*bird flu*). Es muy contagiosa.
6. Acabas de ver a un(a) amigo/a hablando mal de ti enfrente de tus compañeros/as de clase.

Nombre _____ Fecha _____

8 **Demasiados enfermos** Claudia, una estudiante de medicina, está pasando el fin de semana en casa de sus padres. Escucha las instrucciones que ella le da a cada persona enferma y después conecta cada instrucción de la columna B con la persona correspondiente de la columna A.

A	B
papá	_papá_ a. tomar un jarabe para la tos.
abuelo	_____ b. no beber más café
abuela	_____ c. tomarse la temperatura cada dos horas
mamá	_____ d. terminarse toda la sopa
Jorge	_____ e. meterse en la cama
Luis	_____ f. tomarse dos aspirinas con agua
Carmen	_____ g. llamar al médico si se siente peor

9 **Yo le recomiendo** Imagínate que eres un doctor hablando con un paciente. Sigue el modelo. Luego, escucha y repite la respuesta correcta.

> *modelo*
> Tú escuchas: Pasar muchas horas del día sentado/a.
> Tú lees: sugerir
> Tú dices: Le sugiero que haga más ejercicio.

1. aconsejar
2. es importante
3. es necesario
4. pedir
5. recomendar
6. sugerir

10 **Consejos para don José** Don José está muy estresado porque lleva un estilo de vida muy agitado. Escucha los consejos que le da un médico y luego completa la tabla con la información que escuches.

Objetivos	Recomendaciones
1. Para mantenerse en forma,	1. _____ al gimnasio y _____ ejercicios para relajarse.
2. Para mejorar su dieta y prevenir enfermedades,	2. _____ frutas y verduras diariamente.
3. Para no estresarse por el trabajo,	3. _____ organizado y _____ tantas horas extras.
4. Para disfrutar más tiempo con su familia,	4. _____ actividades en la casa.
5. Para que usted y su esposa no discutan tanto,	5. _____ tiempo para descansar y divertirse juntos.

Lección 4 Audio Activities

4.2 Commands

1 **El doctor Arriola** El doctor Arriola les dice a sus pacientes lo que tienen que hacer. Escribe mandatos formales (**usted**) usando las notas del doctor.

José tiene gripe.

1. tomarse / temperatura _____
2. acostarse _____
3. prepararse / sopa de pollo _____
4. beber / té con miel _____

Ignacio tiene la garganta inflamada.

5. descansar _____
6. no hablar / mucho _____
7. tomar / las pastillas _____
8. consumir / líquidos en abundancia _____

2 **El asistente del doctor Arriola** Completa los consejos que el doctor Arriola le da a su asistente usando mandatos formales.

1. A los sedentarios puedes decirles: "___Hagan más ejercicio___".
   (hacer más ejercicio)
2. A los pacientes con dolor de cabeza puedes decirles: "_____".
   (tomar / aspirinas)
3. A los pacientes con problemas de peso puedes decirles: "_____".
   (ir / al gimnasio)
4. A los deprimidos puedes decirles: "_____".
   (hacer / actividades para levantar el ánimo)
5. A los que tienen demasiado estrés puedes decirles: "_____".
   (descansar)
6. A los niños impacientes puedes decirles: "_____".
   (jugar / con estos juguetes)

Nombre _____ Fecha _____

3 **Remedios caseros** Hay personas que creen que las enfermedades pueden curarse sin ir al médico. Lee estos textos sobre creencias populares y escribe una lista de consejos usando mandatos informales con los verbos subrayados.

A. "Los resfriados pueden curarse **respirando** el vapor de agua con sal. Los resfriados también pueden curarse **tomando** té con limón y miel. Cuando estamos resfriados, debemos **abrigarnos** bien."

1. Respira el vapor de agua con sal.
2. _____
3. _____

B. "Cuando hay una herida, primero se **lava** con agua y jabón. Debe **ponerse** una venda tapando bien la herida. **No** hay que **tocarse** la herida porque se puede infectar."

4. _____
5. _____
6. _____

C. "La falta de sueño se debe a una preocupación. Por eso hay que **olvidarse** de las angustias. Una taza de leche caliente es un buen remedio. **Eliminar** el café por completo es una buena idea."

7. _____
8. _____

4 **Consejos sanos** Tus amigos/as y tú quieren mejorar su salud y mantenerse sanos/as. Escribe diez consejos o recomendaciones usando mandatos con **nosotros**. Puedes escribir consejos sobre temas como la comida, el cuidado de los dientes, la actividad física, las heridas, etc.

1. Salgamos a caminar después de la escuela.
2. _____
3. _____
4. _____
5. _____
6. _____
7. _____
8. _____
9. _____
10. _____

Lección 4 Estructura Activities

5
Las indicaciones del médico Lee los problemas de estos pacientes. Luego, completa las órdenes y recomendaciones que su médico les da.

Don Mariano y doña Teresa no duermen bien y sufren de mucha presión en el trabajo.	1. _____ (tomar) té de manzanilla y _____ (acostarse) siempre a la misma hora. 2. No _____ (trabajar) los domingos.
Juan come muchos dulces y tiene caries (*cavities*).	3. (Tú) _____ (cepillarse) los dientes dos veces por día. 4. No _____ (comer) más dulces.
La señora Ortenzo se lastimó jugando al tenis. Le duele el pie derecho.	5. (Usted) _____ (quedarse) en cama dos días. 6. No _____ (mover) el pie y no _____ (caminar) sin muletas (*crutches*).
Carlos y Antonio trasnochan con frecuencia y no comen una dieta sana.	7. _____ (dormir) por lo menos ocho horas cada noche. 8. No _____ (ir) a clase sin antes comer un desayuno saludable.

6
Antes y ahora ¿Te daban órdenes tus padres cuando eras niño/a? ¿Te siguen dando órdenes? Escribe cinco mandatos que te daban cuando eras niño/a y cinco que te dan ahora. Utiliza mandatos informales afirmativos y negativos.

Los mandatos de antes

_____
_____
_____
_____
_____

Los mandatos de ahora

_____
_____
_____
_____
_____

7
El viernes Tú y tus amigos están pensando en qué hacer este viernes. Tú sugieres actividades (usa mandatos con **nosotros/as**), pero ellos/as rechazan (*reject*) tus ideas y sugieren otras. En grupos de tres, representen la conversación.

> **modelo**
> **ESTUDIANTE 1** Vayamos al cine esta tarde.
> **ESTUDIANTE 2** No quiero porque no tengo dinero. Quedémonos en casa y veamos la tele.
> **ESTUDIANTE 3** Pues, alquilemos una película entonces...

Nombre _____ Fecha _____

8 Los consejos de César Escucha los consejos que le da César a una paciente sobre la salud y el bienestar e indica si son **lógicos** o **ilógicos**.

	lógico	ilógico		lógico	ilógico
1.	X	_____	6.	_____	_____
2.	_____	_____	7.	_____	_____
3.	_____	_____	8.	_____	_____
4.	_____	_____	9.	_____	_____
5.	_____	_____	10.	_____	_____

9 ¡A trabajar! Eres médico y supervisas a un grupo de estudiantes de medicina. Contesta las preguntas de los estudiantes. Luego, escucha y repite la respuesta correcta.

> **modelo**
>
> *Tú escuchas:* ¿Debo trasnochar hoy?
> *Tú lees:* descansar
> *Tú dices:* No, hoy descansa.

1. calmante
2. poner una inyección
3. relajarse
4. consultorio
5. cirujano
6. bebé

10 Que lo haga otra persona Manuel le está dando mandatos a un ayudante, pero el ayudante no quiere colaborar. Escucha los mandatos de Manuel y di los mandatos indirectos con los que el ayudante le responde. Sigue el modelo. Luego, escucha y repite la respuesta correcta.

> **modelo**
>
> *Tú escuchas:* Pon las vendas en el armario.
> *Tú lees:* las enfermeras
> *Tú dices:* Que las pongan las enfermeras.

1. su secretaria
2. el enfermero nuevo
3. los otros ayudantes
4. la recepcionista
5. el voluntario
6. un especialista

4.3 Por and para

1 **En el consultorio** Completa la conversación con **por** o **para**.

PACIENTE Doctor, tengo un malestar general: tengo mucha tos, tengo fiebre y (1) _____ colmo me siento agotado.

DOCTOR (2) _____ lo visto, tiene usted gripe. (3) ¿_____ cuánto tiempo ha tenido (*have you had*) estos síntomas?

PACIENTE (4) _____ lo menos (5) _____ una semana.

DOCTOR Aquí tiene una receta. Éstas son unas pastillas (6) _____ la fiebre. Este jarabe es (7) _____ la tos. Tómelo (8) _____ la mañana y (9) _____ la noche.

PACIENTE Gracias, doctor. Voy inmediatamente a la farmacia (10) _____ mis medicinas.

2 **Síntomas y tratamientos** Escribe cuatro oraciones usando elementos de las tres columnas.

el calmante		adelgazar
el jarabe	por	dolor
estar a dieta	para	la salud
estar mareado		la tensión baja
tratamiento		la tos

1. _____
2. _____
3. _____
4. _____

3 **Por y para** Elige el significado correcto de cada oración.

1. Camino por el hospital. _____
   a. Camino por los pasillos del hospital.   b. Camino en dirección al hospital.

2. Compré las medicinas por mi madre. _____
   a. Mi madre va a tomar las medicinas.   b. Compré las medicinas porque mi madre no pudo comprarlas.

3. Para mí, lo que tienes es un resfriado. _____
   a. En mi opinión, tienes un resfriado.   b. Al igual que yo, tienes un resfriado.

4. El doctor fue por unas pastillas para el paciente. _____
   a. El doctor fue a buscar unas pastillas para el paciente.   b. El doctor le recetó unas pastillas al paciente.

Nombre _____ Fecha _____

4 **Completar** Completa las frases para formar oraciones lógicas.

1. Hice una llamada al consultorio por _____.

2. Hice una llamada al consultorio para _____.

3. Compré estas pastillas por _____.

4. Compré estas pastillas para _____.

5. Toma (tú) este jarabe por _____.

6. Toma (tú) este jarabe para _____.

7. El enfermero fue por _____.

8. El enfermero fue para _____.

5 **Julieta recibe una carta de sus padres** Completa la carta con las expresiones que necesites de la lista.

por	por aquí	por mucho
para colmo	por casualidad	por primera vez
para que sepas	por eso	por si acaso
por allá	por más que	por supuesto

Querida Julieta:

(1) _____ está todo bien y esperamos que (2) _____ también lo esté. (3) _____ lo pensemos y lo conversemos, tu padre y yo seguimos descontentos con tu viaje. (4) _____ en nuestras vidas estamos muy preocupados porque creemos que eres muy joven para estar sola tan lejos, y especialmente con tus problemas de salud. (5) _____, ahora aparece ese muchachito en Madrid. ¿Acaso ese joven no vive en Barcelona? ¿Qué hace ahora en Madrid? (6) _____ que confiamos en ti. Pero, (7) _____, queremos que estés atenta. (8) _____, tu prima Merceditas salía con un chico muy bueno y muy simpático, pero que resultó ser un ladrón muy buscado por la policía. Ella cayó en una depresión. (9) _____, Julietita querida, te pedimos que tengas mucho cuidado. ¡No seas tan confiada! Un beso de papá y mamá que te quieren mucho y se preocupan (10) _____ tu bienestar.

6 **El viaje de Carla** Carla está planeando pasar el verano en Bogotá para tomar cursos en una escuela de Colombia. Une las frases para completar sus comentarios sobre el viaje.

____ 1. Este verano viajaré a Bogotá
____ 2. Es un programa de intercambio, organizado
____ 3. Estudiantes de varias escuelas nos reuniremos en Miami y de allí saldremos
____ 4. Extrañaré a mi familia, pero prometen llamarme
____ 5. Quisiera pasar un año allá, pero sólo puedo ir
____ 6. Antes de volver a Nueva York, espero viajar
____ 7. Quiero perfeccionar el español
____ 8. En el futuro, espero trabajar

a. para Bogotá.
b. para estudiar español.
c. para la embajada (*embassy*).
d. para estudiar en Latinoamérica después de graduarme de la escuela.
e. por mi escuela en Nueva York.
f. por teléfono una vez por semana.
g. por todo el país.
h. por tres meses.

7 **Instrucciones para cuidar al perro** Este fin de semana te toca cuidar al perro de tus vecinos y ellos están muy preocupados. Completa su lista de instrucciones con *por* o *para*.

1. Si el perro está muy deprimido, llama al veterinario _____ teléfono.
2. Si está un poco triste, haz todo lo que puedas _____ darle ánimo.
3. Últimamente tiene problemas de digestión y debe tomar una medicina _____ el estómago.
4. _____ ver si el perro tiene fiebre, usa este termómetro.
5. No es _____ tanto si no te saluda cuando entras en la casa; cuando te conozca mejor y te tenga más confianza comenzará a saludarte.
6. Sácalo a pasear todos los días: el ejercicio es bueno _____ los perros.
7. Nuestra rutina es caminar media hora _____ el parque.
8. Dale su medicina tres veces _____ día.

8 **Un acontecimiento increíble** ¿Alguna vez te ha ocurrido algo inusual o difícil de creer? Cuéntale a tu compañero/a un acontecimiento increíble que te haya ocurrido o inventa uno. Incluye al menos cuatro expresiones de la lista.

| para colmo | no estar para bromas | por casualidad | por supuesto |
| para que sepas | no ser para tanto | por fin | por más/mucho que |

9 ¿Por o para?
Completa las oraciones con **por** o **para**.

1. a. por   b. para
2. a. por   b. para
3. a. por   b. para
4. a. por   b. para
5. a. por   b. para
6. a. por   b. para
7. a. por   b. para
8. a. por   b. para

10 Confesiones de una estudiante de medicina
Escucha la conversación entre la estudiante de medicina Amelia Sánchez y su amiga Carlota, y completa las respuestas. Usa **por** o **para**.

1. ¿A dónde va Amelia todos los días por la mañana?
   Amelia va _____ todos los días por la mañana.

2. ¿Por qué se levanta tan temprano?
   Debe preparar mil cosas _____.

3. ¿Qué es lo más importante de su profesión?
   _____ ella, lo más importante es el trato con los enfermos.

4. ¿Qué le gusta hacer por las tardes a Amelia para relajarse?
   Le gusta caminar _____ o ir al gimnasio.

5. ¿Carlota sigue trabajando con el laboratorio de análisis clínicos?
   No, ahora trabaja _____.

6. ¿Por qué Amelia estudia medicina?
   Estudia medicina _____ tenía una farmacia.

11 Preguntas
Escucha las preguntas y contéstalas usando **por** o **para**. Luego, escucha y repite la respuesta correcta.

modelo
Tú escuchas: ¿En serio que viste a Brad Pitt en el restaurante?
Tú lees: colmo / casualidad
Tú dices: Sí, lo vi por casualidad.

1. si acaso / ejemplo
2. fin / siempre
3. su edad / otro lado
4. tanto / lo general
5. uno nuevo / mañana
6. casualidad / el viernes

Gramática adicional

4.4 The subjunctive with impersonal expressions

1 **Vida sana** Elige el verbo adecuado para cada una de las recomendaciones.

1. Es mejor que _____ (prevengas/previenes) la gripe con una vacuna.
2. Es importante que _____ (tengas/tienes) una buena alimentación.
3. Es verdad que los doctores siempre _____ (tengan/tienen) razón.
4. Es evidente que este programa _____ (ayude/ayuda) a muchas personas.
5. Es necesario que _____ (descanses/descansas) para ponerte bien.
6. No es cierto que las medicinas lo _____ (curen/curan) todo.

2 **Una situación peligrosa** Se acerca una gran tormenta y un grupo de amigos está discutiendo qué hacer y cómo prepararse frente a esta situación. Usa el presente de indicativo o el presente de subjuntivo.

1. Es urgente que _____.
2. Es malo que _____.
3. Es mejor que _____.
4. No es verdad que _____.
5. Es necesario que _____.
6. Es seguro que _____.

3 **El spa ideal** Describe cómo es el spa ideal, según tu opinión. Usa las expresiones impersonales de la lista.

Es bueno	Es necesario
Es importante	Es seguro
Es mejor	No es verdad

_____
_____
_____
_____
_____
_____

Nombre _____ Fecha _____

Atando cabos: Lectura

1 **Antes de leer** ¿Te gusta el chocolate? ¿Qué tipo de chocolate prefieres? ¿Conoces su origen?

_____

_____

La historia del chocolate

¿Sabías que el cacao y el chocolate eran desconocidos en Europa hasta la llegada de los españoles a América?

    Hoy, el chocolate es una de las delicias más apreciadas por adultos y niños de todo el mundo. El árbol del cacao, originario de las zonas tropicales de Hispanoamérica, se cultiva en México, Venezuela, Ecuador y Colombia.

    Existen varias leyendas indígenas sobre el origen divino de este popular alimento. La más famosa cuenta que Quetzalcóatl, dios azteca del viento, le regaló semillas° del árbol del cacao a los hombres y, de esa forma, este arbusto° creció sobre la tierra. Debido a su origen divino, existía entre los aztecas la creencia de que su consumo daba poder y sabiduría°.

    La historia del chocolate es muy curiosa. Durante su cuarto viaje, Cristóbal Colón se encontró en la costa de Yucatán con una embarcación° indígena que transportaba unas semillas que eran utilizadas como monedas. Estas semillas también eran el ingrediente principal de una misteriosa bebida sagrada, el "tchocolath". Años después, el conquistador Hernán Cortés fue el primero en probar la "bebida de los dioses" en la corte° azteca del emperador Moctezuma. La preparaban mezclando el cacao con maíz, vainilla, miel y canela°.

    De vuelta a España, Cortés elogió las cualidades de la nueva bebida. Sin embargo, ésta no fue bien recibida por su sabor amargo°. Los primeros granos de cacao llegaron al Monasterio de Zaragoza en 1522, junto con la receta para preparar el chocolate. Sólo cuando se le añadió azúcar de caña empezó su rápida propagación dentro del continente europeo.

semillas *seeds* **arbusto** *bush* **sabiduría** *wisdom* **embarcación** *vessel* **corte** *court* **canela** *cinnamon* **amargo** *bitter*

2 **Después de leer** Responde estas preguntas con oraciones completas.

1. ¿Dónde se cultiva el árbol del cacao en Hispanoamérica?

_____

2. ¿Qué cuenta la leyenda indígena de Quetzalcóatl?

_____

3. ¿Para qué se utilizaron las semillas de cacao originalmente?

_____

4. ¿Qué ingredientes tenía la "bebida de los dioses"?

_____

5. En 1522, llegaron los primeros granos de cacao a España. ¿Adónde llegaron concretamente?

_____

6. ¿Por qué no fue bien recibida la bebida de cacao al principio?

_____

Atando cabos: Composición

Imagina que un(a) amigo/a quiere ponerse en forma y ha decidido no comer más dulces. Ayuda a tu amigo/a a crear una dieta para mejorar su alimentación y dale consejos para tener una vida más sana.

Preparación

Escribe una lista de los alimentos que debe y que no debe comer, y de las actividades que van a ayudarle a mejorar su salud.

Cosas que debe comer	Cosas que no debe comer	Cosas que debe hacer

Composición

Escribe una dieta detallada para un día completo. Continúa en una hoja aparte.

- Describe las comidas de un día, incluyendo desayuno, almuerzo y cena.
- Escribe también las actividades que tu amigo/a puede hacer para estar en forma e inclúyelas en su horario.
- Escribe otros consejos generales que debe seguir para llevar una vida más sana.

Contextos

Lección 5
Los viajes

1 **La intrusa** Indica la palabra o expresión que no pertenece al grupo.

1. el accidente — el congestionamiento — el tránsito — la despedida
2. el auxiliar de vuelo — el guía turístico — el piloto — el agente de aduanas
3. el itinerario — el crucero — el buceo — la isla
4. la llegada — la salida — el destino — el viajero
5. la excursión — la aventura — la temporada alta — el ecoturismo
6. el alojamiento — el seguro — el albergue — la habitación
7. las olas — navegar — la recepción — el puerto
8. la brújula — el campamento — la excursión — el aviso
9. quedarse — alojarse — perder el vuelo — estar lleno
10. el pasaporte — las olas — el seguro — el pasaje

2 **El aeropuerto internacional** Lee las descripciones de situaciones que ocurren en un aeropuerto internacional e indica con el número apropiado qué comentario corresponde a cada una.

1. Un hombre con una maleta está tratando de comprar un pasaje, pero el empleado de la aerolínea le está explicando que ya no quedan más asientos disponibles.
2. Una pareja con maletas está en la puerta de embarque. El hombre le habla a la empleada.
3. Un joven llega al aeropuerto con una hora de retraso y el empleado le da la mala noticia.
4. El empleado de una aerolínea habla con un viajero que tiene el pasaporte vencido.
5. Dos azafatas esperan a los pasajeros en la zona de embarque.
6. Una empleada de la oficina de informes está hablando por un micrófono para avisar que el avión saldrá dos horas más tarde.

_____ a. "Tengo dos pasajes reservados para San José".

_____ b. "Para volar necesita tener el pasaporte vigente".

_____ c. "Lo siento señor, el vuelo está lleno".

_____ d. "El vuelo con destino a la Ciudad de Panamá está retrasado".

_____ e. "¡Atención, señores! Los pasajeros del vuelo 508 con destino a La Paz ya pueden embarcar".

_____ f. "Me temo que ha perdido su vuelo".

Nombre _____ **Fecha** _____

3 Mi viaje
Isabel acaba de llegar de su primer viaje sola y, ahora, habla con su madre. Completa la conversación con palabras de la lista.

| albergue | guía turístico | incluido | ruinas |
| excursión | habitación individual | isla | viajeros |

MADRE 1) ¿Dónde te quedaste la primera noche?

ISABEL En un (1) _____.

MADRE ¿No estaba lleno?

ISABEL No, yo había reservado una (2) _____ con desayuno (3) _____.

MADRE ¿Conociste a mucha gente?

ISABEL Sí, conocí a otros (4) _____ de muchos países.

MADRE ¿Conociste muchos lugares?

ISABEL Nos reunimos con un (5) _____ e hicimos una (6) _____ a una (7) _____ y también a unas (8) _____.

MADRE ¡Qué bueno! ¿No tuviste ningún problema?

ISABEL Ahora que lo pienso, ¡me falta una maleta!

4 ¡Qué aventura!
Amanda está en Costa Rica con su familia. Imagina el lugar y escribe un mensaje de correo electrónico que esta adolescente le escribió a su mejor amiga contándole las aventuras de su viaje. Usa al menos diez palabras de la lista.

albergue	cancelar	incluido	recorrer
bienvenida	frontera	peligroso	selva
brújula	guía turístico	quedarse	temporada alta

De: amandadeviaje@micorreo.com
Para: luisa@micorreo.com
Asunto: ¡Costa Rica!

Querida Luisa:

¿Cómo estás? Ay, yo estoy súper contenta aquí en... _____
_____
_____
_____
_____
_____

Nombre _____ Fecha _____

5 Viajes organizados Escucha un anuncio de radio sobre viajes organizados y después completa las oraciones.

1. La agencia *Viajes Escape* prepara mini vacaciones para __profesionales ocupados y estresados__.
2. Esta semana la agencia tiene _____ viajes de oferta.
3. Playa Dorada es una isla privada en _____.
4. La cabaña incluye tres _____ y todas las _____.
5. Puede practicar _____ por una tarifa adicional.
6. La excursión de montaña es en el estado de _____.
7. El _____ es muy pintoresco y lleno de encanto.
8. El precio de la _____ de montaña es sólo de noventa y nueve dólares por persona.

6 Un viaje cultural Escucha el anuncio de radio e indica qué ofrece el viaje descrito.

_____ visita exclusiva al Museo de Arte Moderno de Nueva York
_____ guía turístico bilingüe
_____ día de compras
_____ viajes en taxi
_____ estancia en un hotel en Boston
_____ una cena romántica
_____ servicio de habitación las veinticuatro horas
_____ traslado al aeropuerto
_____ minibar y caja fuerte en el hotel
_____ limusina y entradas para ver un musical

7 Definiciones Escucha las preguntas y responde con oraciones completas. Luego, repite la respuesta completa.

> **modelo**
> Tú escuchas: ¿Qué es un pasaporte?
> Tú lees: documento oficial / salir del país
> Tú dices: Un pasaporte es un documento oficial para salir del país.

1. límite / separar / dos países
2. masa de tierra / rodeada / agua
3. viajar / agua / barco
4. acumulación de muchos carros / calle / mismo tiempo
5. restos / construcción antigua
6. lugar / muchos árboles / animales

Nombre _____ Fecha _____

¡Buen viaje!

Antes de ver el video

1 **En la selva** En este episodio Éric y Fabiola hablan de su viaje a Venezuela. Mira la fotografía y describe qué crees que están haciendo Éric y Johnny.

_____
_____
_____
_____
_____
_____
_____

Mientras ves el video

2 **Seleccionar** Escucha atentamente el video y marca todas las palabras y frases que **NO** se usan en este episodio.

____ 1. alojamiento   ____ 6. ecoturismo   ____ 11. inseguridad   ____ 16. árboles
____ 2. arriesgado   ____ 7. enfrentar   ____ 12. peligro   ____ 17. selva
____ 3. artículo   ____ 8. enojado   ____ 13. quejarse   ____ 18. tomando fotos
____ 4. cobardes   ____ 9. explorando   ____ 14. rayas   ____ 19. turístico
____ 5. protegido   ____ 10. guía fotográfico ____ 15. rayos   ____ 20. valiente

3 **Ordenar** Escucha con atención las primeras escenas del video y ordena las oraciones del uno al seis.

_____ a. El autobús del hotel nos va a recoger a las 8:30.
_____ b. ¿Y ese último número para qué es?
_____ c. Tenemos que salir por la puerta 12.
_____ d. Es necesario que memoricen esto.
_____ e. Es lo que van a tener que pagar por llegar en taxi al hotel si olvidan los dos números primeros.
_____ f. Cuarenta y ocho dólares con cincuenta centavos.

4 **¿Quién lo dice?** Presta atención a la conversación entre Aguayo, Éric, Diana, Johnny y Mariela al final del episodio, y escribe el nombre del personaje que dice cada oración.

_____ 1. Pero te puede traer problemas reales.
_____ 2. Es necesario que dejes algunas cosas.
_____ 3. Todo lo que llevo es de primerísima necesidad.
_____ 4. Debe ser emocionante conocer nuevas culturas.
_____ 5. Espero que disfruten en Venezuela y que traigan el mejor reportaje que puedan.

Nombre _____ Fecha _____

Después de ver el video

5 **¿Lo sabes?** Contesta estas preguntas.

1. ¿Por qué van Éric y Fabiola a Venezuela?
   _____
2. ¿Qué les da Diana a Fabiola y a Éric?
   _____
3. ¿Qué tiene Fabiola que Éric quiere ver?
   _____
4. ¿Qué deben memorizar Éric y Fabiola?
   _____
5. ¿Por qué Éric se viste de explorador?
   _____
6. ¿Qué consejo les da Johnny a Éric y a Fabiola?
   _____

6 **¡Tu mejor amigo/a se va de viaje!** Tu mejor amigo/a está preparando un viaje de un mes a un país remoto y exótico del cual no sabe nada. Lee las inquietudes (*concerns*) de tu amigo/a y completa las oraciones para darle consejos sobre el tipo de cosas que necesita.

Inquietudes de tu amigo/a	Consejos
No conoce el idioma.	1. Busca una persona que _____.
	2. Lleva un diccionario de bolsillo (*pocket*) que _____.
No conoce las costumbres.	3. Antes de ir, lee una guía que _____.
Hace frío y llueve mucho.	4. Lleva ropa y zapatos que _____.
La altitud lo/la hace sentir muy cansado/a.	5. Planea excursiones que _____.
	6. Come comida que _____.

7 **La aventura ha comenzado** Imagina que eres Éric y estás en Venezuela tomando fotos para el reportaje de ecoturismo. Cuenta en tu diario lo que hiciste, lo que viste y lo que pensaste en un día cualquiera de tu viaje.

_____
_____
_____
_____
_____
_____

Estructura

5.1 Comparatives and superlatives

1 **Comparaciones** Elige la opción que tenga el mismo significado que la oración original.

_____ 1. Tu pasaje costó 400 dólares y el mío sólo 250 dólares.

a. Tu pasaje es tan caro como el mío.

b. Tu pasaje es más caro que el mío.

_____ 2. ¡Tu vuelo llegó con cinco horas de retraso! El mío llegó a tiempo.

a. Mi vuelo llegó retrasadísimo.

b. Tu vuelo no fue tan puntual como el mío.

_____ 3. Me gusta esta aerolínea, pero la comida de Aerolíneas Argentinas es mucho más rica.

a. El servicio de comida de Aerolíneas Argentinas es mejor que el servicio de comida de esta compañía aérea.

b. El servicio de comida de esta aerolínea es tan bueno como el de Aerolíneas Argentinas.

_____ 4. En temporada alta los pasajeros pagan más por sus viajes.

a. Viajar en temporada alta es tan caro como viajar en temporada baja.

b. Viajar en temporada alta es más caro que viajar en temporada baja.

_____ 5. Esta auxiliar de vuelo (*flight attendant*) habla inglés y español. Aquélla sabe inglés, español e italiano.

a. Esta auxiliar de vuelo habla tantos idiomas como aquella otra.

b. Esta auxiliar de vuelo habla menos idiomas que aquella otra.

2 **Un mensaje de Manuela** Manuela está de viaje con la escuela y acaba de llegar a Cartago. Lee el correo electrónico que Manuela les escribe a sus padres y complétalo con **más/menos** o **tan/tanto/a(s)**.

De: manuela@micorreo.com
Para: lamadre@micorreo.com
Asunto: Llegué a Cartago.

Queridos padres:

Ya estoy en Cartago. Estoy alojada en el Hostal Internacional. Este albergue es (1) _____ elegante como el de San José, pero desgraciadamente yo estoy (2) _____ contenta aquí que allá. Aquí hay (3) _____ habitaciones como en el Hostal Central de San José, pero hay (4) _____ comodidades que allá. La habitación es (5) _____ grande como la de San José. Pero la cama es (6) _____ cómoda y el servicio de habitación es (7) _____ frecuente que en el Hostal Central. En San José, donde todo funciona bien, el ascensor es (8) _____ rápido y el salón es (9) _____ cómodo que aquí. El desayuno es (10) _____ rico como en San José, pero los meseros y los recepcionistas te ayudan y son (11) _____ amables allá. Mañana nos vamos. Ya les contaré cómo es el nuevo albergue.

Un beso grande,
Manuela

3 Un viaje juntos Camila y Marcos hablan sobre los detalles finales del viaje que harán juntos. Elige la opción correcta para completar cada oración.

1. Éste es el mejor hotel (de / que) _____ todos los que he visto.
2. El alquiler del carro cuesta menos (de / que) _____ trescientos cincuenta dólares.
3. La excursión a las ruinas cuesta menos (de / que) _____ la excursión a la selva.
4. Este crucero es más barato (de / que) _____ el otro.
5. El vuelo dura más (de / que) _____ tres horas.
6. Es mejor viajar con menos (de / que) _____ tres maletas.
7. Podemos quedarnos más (de / que) _____ cinco días en la isla.
8. Este viaje es mucho mejor (de / que) _____ el que hicimos el año pasado.

4 Más, menos, tan... Lee los grupos de oraciones. Después, escribe una oración comparativa o superlativa para cada uno. Sigue el modelo.

> **modelo**
> El autobús cuesta dos pesos. El taxi cuesta diez pesos.
> *El autobús es más barato que el taxi. / El taxi es más caro que el autobús.*

1. El hotel de Lima es bueno. El hotel de Quito es muy bueno.

2. Sara lo pasó muy bien en Valparaíso. Susana lo pasó muy bien en Valparaíso.

3. La habitación 604 es grande. La habitación 608 es muy grande.

4. César sabe inglés, francés y alemán. Luis sabe francés, griego e italiano.

5. Francisco tiene dos maletas. Emilia tiene cuatro maletas.

6. Mi vuelo sale a las 2 del mediodía. Tu vuelo sale a las 5 del mediodía.

7. El auto es lento. El tren es rápido. El avión es muy rápido.

8. Un pasaje a Caracas cuesta mil pesos. Un pasaje a París cuesta dos mil quinientos pesos. ¡Un pasaje a El Cairo cuesta ocho mil pesos!

5 Los medios de transporte Escribe seis oraciones completas para comparar los medios de transporte de la lista. Utiliza por lo menos tres comparativos y tres superlativos. Debes hacer comparaciones con respecto a estos aspectos:

- la rapidez
- la diversión
- la comodidad
- el precio

> **medios de transporte**
> autobús, avión, bicicleta, carro, metro, taxi, tren

> **modelo**
> Para viajar por la ciudad, el taxi es más caro que el autobús.
> El avión es el medio más rápido de todos.

6 El absoluto Utiliza el superlativo absoluto (-ísimo/a) para escribir oraciones completas. Sigue el modelo.

> **modelo**
> elefantes / animales / grande
> Los elefantes son unos animales grandísimos.

1. diamantes / joyas / caro
2. avión / medio de transporte / rápido
3. Bill Gates / persona / rico
4. el puente de Brooklyn / largo
5. la clase de inglés / fácil
6. Dakota Fanning / actriz / joven
7. Boca Juniors / equipo de fútbol argentino / famoso
8. el Río de la Plata / ancho

7 Un pariente especial ¿Hay alguien en tu familia que consideras especial? ¿Te pareces a esa persona? ¿Es mayor o menor que tú? ¿Qué similitudes y diferencias tienen? Trabaja con un(a) compañero/a: dile quién es tu pariente favorito y cuéntale en qué se parecen y en qué se diferencian. Usa comparativos en tu descripción. Incluye algunos de estos aspectos:

> altura   gustos
> apariencia física   personalidad
> edad   vida académica

> **modelo**
> Mi primo Juan es mi primo favorito. Es mayor que yo, pero yo soy mucho más alto que él...

Nombre _____ Fecha _____

8 Cuántos recuerdos Steve y María están de vacaciones. Después de cenar, los dos amigos van a dar un paseo por Chilapas, el pueblecito donde se hospedan. Escucha su conversación y después indica si cada una de estas afirmaciones es **cierta** o **falsa**.

Cierto	Falso	
❏	❏	1. A María el pueblo mexicano le recuerda su viaje a España.
❏	❏	2. Según María, Albarracín es un pueblo más grande que Chilapas.
❏	❏	3. En Chilapas hay menos flores que en Albarracín.
❏	❏	4. Las calles de Albarracín son más estrechas que las de Chilapas.
❏	❏	5. La gente de Albarracín es tan simpática como la de Chilapas.
❏	❏	6. Steve piensa que María no tiene más oportunidades que él para viajar.

9 ¿Cuál te gusta más? Observa las diferencias entre las dos casas de la ilustración y después contesta las preguntas usando comparaciones.

Familia López   **Familia Brito**

1. _____
2. _____
3. _____
4. _____
5. _____

10 Dos ciudades Tu amiga y tú discuten sobre sus ciudades. Responde a sus comentarios usando comparativos y superlativos. Sigue el modelo. Luego, repite la respuesta correcta.

> **modelo**
>
> *Tú escuchas:* Los restaurantes de mi ciudad son buenos.
> *Tú lees:* + / el mundo
> *Tú dices:* Los restaurantes de mi ciudad son los mejores del mundo.

1. – / el país
2. = / tu ciudad
3. + / todas
4. – / tu ciudad
5. + / tu ciudad
6. + / Latinoamérica

5.2 Negative, affirmative, and indefinite expressions

1 **Los viajeros** Escribe la letra de la opción que tenga el mismo significado que la oración dada.

_____ 1. Ni me gustan los aviones ni los cruceros.
   a. No me gusta volar y tampoco me gustan los cruceros.
   b. No me gusta viajar en avión, pero me gustan los cruceros.

_____ 2. Raquel ha estado en Panamá y Daniel también.
   a. Ninguno de los dos ha visitado Panamá.
   b. Raquel y Daniel han visitado Panamá.

_____ 3. Generalmente, en mis viajes, o alquilo un carro o una motocicleta.
   a. Ni alquilo un carro ni una motocicleta en mis viajes.
   b. Generalmente, alquilo algún medio de transporte en mis viajes.

_____ 4. Cuando visito un lugar nuevo siempre hago amigos.
   a. Nunca conozco a nadie cuando viajo.
   b. Conozco a mucha gente en mis viajes.

2 **Aventuras y desventuras** Completa estas oraciones con la opción correcta.

1. Los turistas no están buscando _____ (alguna/ninguna) aventura.
2. Los turistas no conocen bien la isla y el guía _____ (tampoco/también).
3. El guía turístico _____ (ni/no) encontró el campamento _____ (ni/no) las ruinas.
4. _____ (algunos/ningún) turistas quieren regresar a la ciudad.

3 **Viajes** Completa esta conversación entre Juliana y Andrés con las palabras de la lista. Hay dos palabras que se repiten.

algo	jamás	ni siquiera
algún	nada	nunca
alguna	nadie	siempre
algunas	ni	tampoco

JULIANA Andrés, ¿has viajado (1) _____ vez a Centroamérica?

ANDRÉS No, (2) _____, pero me gustaría ir (3) _____ día. (4) _____ que hay (5) _____ conferencia, yo estoy ocupado con el trabajo o tengo (6) _____ que hacer.

JULIANA ¿De veras? ¿No has estado (7) _____ en Panamá (8) _____ en Costa Rica? Entonces, ¿(9) _____ fuiste a la conferencia de Managua el año pasado?

ANDRÉS No, ya te dije que (10) _____ he viajado a Centroamérica. ¿Es que no me escuchas?

JULIANA ¡Pobre Andrés! ¡No te imaginas lo que te pierdes! (11) _____ sabemos el destino de este año, ¡y ya hay (12) _____ personas interesadas en ir en la oficina! ¿Puedes creerlo?

ANDRÉS ¿En serio? No he oído (13) _____. Pues, si yo no voy este año, no va (14) _____.

Lección 5 **Estructura** Activities

Nombre _____ Fecha _____

4 El quejica Imagina que viajas en avión y conversas con tu compañero de asiento, Marcos, a quien nada le viene bien. Escribe sus quejas y comentarios, haciendo todos los cambios necesarios. Utiliza las expresiones **o... o...**, **ni... ni...** y **ni siquiera**. Sigue el modelo.

> *modelo*
> Denme un asiento de ventanilla. Si no me lo dan, me voy a quejar al piloto.
> *O me dan un asiento de ventanilla o me voy a quejar al piloto.*

1. No me trajeron café. No me trajeron té. No me trajeron agua.
   _____

2. No pude traer todas las maletas. No pude vestirme bien.
   _____

3. Quiero una almohada más firme. De lo contrario, quiero dos almohadas.
   _____

4. Hoy me siento enfermo. No puedo dormir. No puedo hablar. No puedo moverme.
   _____

5. No quiero escuchar música. No quiero ver tantas luces.
   _____

6. Me ofrecen agua. Me ofrecen café. Yo quiero jugos naturales.
   _____

5 Preguntas Contesta estas preguntas personales con las expresiones de la lista.

| alguien/algún | ni... ni... | nunca | siempre |
| nadie | ni siquiera | o... o... | también |

1. ¿Qué te interesa más: un destino exótico o un viaje cultural?
   _____

2. ¿Compras *souvenirs* cuando visitas lugares turísticos?
   _____

3. ¿Visitarás España y Guatemala el próximo semestre?
   _____

4. ¿Te gustan las grandes ciudades o prefieres la vida en el campo?
   _____

5. ¿Qué ciudad te parece más tranquila: Nueva York o Los Ángeles?
   _____

6. ¿Hablas francés, alemán y ruso?
   _____

7. ¿Prefieres viajar en avión, en tren o en auto?
   _____

8. ¿Te interesa conocer a personas de otras culturas o prefieres relacionarte sólo con personas de tu propia cultura?
   _____

Lección 5 **Estructura** Activities

6 De compras Has desembarcado de un crucero en una isla remota. Quieres comprar algo típico para tus amigos, pero el empleado te hace mil preguntas sobre lo que quieres. Elige las opciones correctas para completar la conversación.

EMPLEADO ¡Hola! ¿Quieres (1) _____ (algo / nada) extraordinario para tus amigos?

TÚ No, no quiero (2) _____ (algo / nada) extraordinario, quiero (3) _____ (algo / nada) típico de la isla.

EMPLEADO Tenemos unos recuerdos muy especiales por aquí. (4) _____ (Siempre / Nunca) es mejor regalar (5) _____ (algo / nada) que llegar con las manos vacías (*empty*)…

TÚ Sí, pero (6) _____ (también / tampoco) es bueno comprar cosas que no quepan en la maleta. Necesito un recuerdo que no sea muy grande, pero (7) _____ (también / tampoco) muy pequeño, por favor.

EMPLEADO Es que no tenemos (8) _____ (algo / nada) así. Todo lo que tenemos (9) _____ (o / ni) es muy chiquito (10) _____ (o / ni) es muy grande. No tenemos (11) _____ (algo / nada) de tamaño mediano.

TÚ Bueno, señor, el barco ya se va… Si usted no tiene (12) _____ (algo / nada) que yo pueda comprar ahora mismo, me tendré que ir.

EMPLEADO Lo siento. (13) _____ (Alguien / Nadie) compra recuerdos aquí (14) _____ (siempre / jamás). No entiendo por qué será.

7 En el avión Marcos, un viajero, es un poco caprichoso; nada le viene bien. Escribe **o… o, ni… ni,** o **ni siquiera** para completar sus quejas.

1. Le pedí una bebida al asistente de vuelo pero no me trajo _____ café _____ agua.
2. ¡Qué día fatal! No pude _____ empacar la última maleta _____ despedirme de mis amigos.
3. Por favor, _____ sean puntuales _____ avisen si van a llegar tarde.
4. Hoy me siento enfermo. No puedo _____ dormir _____ hablar. _____ puedo moverme.
5. Me duele la cabeza. No quiero escuchar _____ música _____ la radio.

8 Opiniones En grupos de cuatro, hablen sobre estas opiniones y digan si están de acuerdo o no. Por turnos, expliquen sus razones. Usen expresiones negativas, afirmativas e indefinidas.

1. Es más costoso viajar en primera clase, pero vale la pena.
2. Conocer otros países y culturas es más importante que aprender de un libro.
3. Hacer un intercambio te abre más a otras maneras de pensar.
4. Es mejor ir de vacaciones durante el verano que durante el invierno.
5. Ir de viaje es la mejor manera de gastar los ahorros.
6. Es más peligroso viajar hoy en día. Antes era muchísimo más seguro.

Nombre _____ Fecha _____

9

Ideas para el viaje de fin de curso Ricardo y Elvira se han reunido con otros dos compañeros de clase para tomar una decisión sobre su viaje de fin de curso. Escucha lo que dice cada uno y elige la mejor opción para completar cada oración.

____ 1. a. o yo no voy al viaje.
   b. o me compro unos zapatos.

____ 2. a. no tengo dinero.
   b. ni la naturaleza en general.

____ 3. a. un viaje cultural.
   b. mal tiempo.

____ 4. a. escuchar a nadie.
   b. tomar una decisión.

____ 5. a. llegar (*reach*) a ninguna decisión.
   b. ni aprobar el examen.

____ 6. a. también.
   b. tampoco.

10

Viajeros muy diferentes Escucha los comentarios y transforma los afirmativos en negativos y los negativos en afirmativos.

modelo

Tú escuchas: Elvira quiere visitar algunos museos.
Tú escribes: Elvira no quiere visitar ningún museo.

1. A Ricardo _____ le gustan _____ los viajes en autobús.

2. Elvira _____ quiere viajar a zonas de playa.

3. A Ricardo le gustan _____ los lugares turísticos.

4. _____ a Elvira _____ a Ricardo les gusta la vida nocturna.

5. Elvira _____ se queda en hoteles caros cuando viaja.

6. Ricardo _____ quiere visitar _____ lugar exótico.

11

No me gusta nada Después de la charla con sus compañeros, Ricardo se siente muy frustrado y todo le parece mal. Escucha las preguntas y di las respuestas negativas que daría Ricardo. Después, repite la respuesta correcta. Sigue el modelo.

modelo

Tú escuchas: ¿Quieres viajar en temporada alta o en temporada baja?
Tú lees: no / ni... ni
Tú dices: No quiero viajar ni en temporada alta ni en temporada baja.

1. no / ni... ni
2. no / ninguno
3. no / ni... tampoco
4. no / ni... ni
5. ninguna
6. no / nadie
7. no / ningún

5.3 The subjunctive in adjective clauses

1 **En la agencia de viajes** Cristian y un amigo están planeando un viaje. Completa estas oraciones con la opción adecuada para saber qué tipo de viaje quieren.

1. Buscamos un viaje que _____ (tiene / tenga) aventuras.
2. Sabemos de unos destinos que _____ (son / sean) exóticos.
3. Preferimos un hotel que no _____ (es / sea) muy caro.
4. Nos recomendaron unos lugares que _____ (ofrecen / ofrezcan) ecoturismo.
5. ¿Nos conviene un paquete de vacaciones que _____ (incluye / incluya) seguro?
6. Mi amigo quiere visitar un lugar que _____ (es / sea) tranquilo y relajante.
7. Yo prefiero un lugar que _____ (tiene / tenga) muchas actividades que hacer.
8. Conozco un programa que _____ (ofrece / ofrezca) un poco de todo.

2 **Se busca** Completa este anuncio que apareció en un periódico de San Salvador. Usa la forma adecuada del subjuntivo o el indicativo de los verbos entre paréntesis, según corresponda.

> Se busca un guía turístico que (1) _____ (hablar) inglés, que (2) _____ (conocer) bien el país y que (3) _____ (tener) experiencia en el campo del ecoturismo.
> Si tú (4) _____ (ser) una persona que (5) _____ (poseer) estas características y te (6) _____ (gustar) la aventura, ponte en contacto con nosotros.
> Ecotour
> Avenida Colón, 56
> San Salvador
> www.ecotour.com.sv

3 **Posible candidata** José leyó el anuncio de la agencia de viajes de la actividad anterior y pensó en su prima Natalia, que vive en San Salvador. Completa los comentarios que José hace sobre su prima con los verbos de la lista.

conocer	requerir
interesar	ser
querer	tener

Sé que mi prima está buscando un trabajo que no (1) _____ mucha experiencia, pero que (2) _____ interesante y seguro. Creo que Natalia no (3) _____ muy bien el mundo del ecoturismo, pero no hay nadie en nuestra familia que no (4) _____ ganas de aprender. ¡Espero que le (5) _____!

Nombre _____ Fecha _____

4 **De viaje** Forma oraciones combinando estos elementos. Usa el indicativo o el subjuntivo según corresponda y haz los cambios necesarios.

1. Yo / buscar / viaje / ser / económico
   _____

2. Los turistas / necesitar / hoteles / no estar llenos
   _____

3. La guía / conocer / lugares en la selva / no ser peligrosos
   _____

4. Nosotros / querer / vuelo / tener / seguro
   _____

5. El hotel / no tener / ninguna habitación / ser doble
   _____

6. El aventurero / conocer / lugares / ser peligrosos
   _____

5 **Tu viaje ideal** Completa estas oraciones describiendo cómo sería tu viaje ideal. Usa el subjuntivo.

1. Busco una agencia de viajes que _____.
2. Necesito un boleto de avión que _____.
3. Los turistas que _____ necesitan ponerse una vacuna.
4. Es importante que alguien _____.
5. No quiero que nadie _____.
6. Los viajeros que _____ deben reservar por teléfono.

6 **Hotel completo** Acabas de llegar a Managua, la capital de Nicaragua, y descubres que el hotel que habías reservado está lleno. El recepcionista ofrece buscarte otro hotel. Escribe una conversación en la que le explicas qué tipo de alojamiento buscas. Usa al menos seis palabras de la lista.

buscar	hotel	preferir
conocer	necesitar	recepción
habitación individual	peligroso	servicio de habitación

_____
_____
_____
_____
_____
_____

Lección 5 Estructura Activities

7 **Unir los elementos** Escribe cinco oraciones lógicas combinando elementos de las tres columnas.

> **modelo**
> Juan busca un libro que esté escrito en español.

Juan (estudiante de español)	buscar un tutor	pagar bien
Pedro (tiene un carro viejo)	buscar un libro	ser divertida
Ana (tiene muy poco dinero)	necesitar un carro	ayudarme
mis amigos (están aburridos)	tener que ir a una fiesta	ser nuevo y rápido
yo (tengo problemas con la clase de cálculo)	querer un trabajo	poder ayudarnos
nosotros (no sabemos qué clases tomar el próximo semestre)	necesitar hablar con un consejero	estar escrito en español

8 **En el aeropuerto** Mientras esperas en el aeropuerto, escuchas todo lo que dicen los empleados de la aerolínea y los agentes de seguridad. Usa el subjuntivo para terminar las oraciones de manera lógica.

1. Deben pasar por aquí las personas que _____.
2. ¿Tiene usted algo en su bolsa que _____?
3. Debe sacar del bolsillo todo lo que _____.
4. No diga chistes que _____.
5. Pueden pasar los viajeros que _____.
6. No se pueden llevar maletas que _____.

9 **Anuncios personales** En grupos de tres, escriban anuncios personales para una persona que busca novio/a. Los anuncios deben ser detallados y creativos, y deben usar el subjuntivo y el indicativo. Después, compartan el anuncio con la clase para ver si encuentran a alguien que se parezca a la persona de su anuncio.

10 **Los planes de Celia** Celia quiere ir de viaje a algún lugar exótico y le deja un mensaje en el contestador a Elisa, una amiga que trabaja en una agencia de viajes. Escucha el mensaje y complétalo con las partes que faltan.

Hola, Elisa:

Soy Celia y estoy planeando un viaje a un lugar exótico para conocer otra cultura. Quiero visitar un lugar que no (1) _____. Me gustaría conocer culturas que (2) _____ y que (3) _____ costumbres distintas a las nuestras. Lamentablemente, (4) _____ ahora mismo de vacaciones, así que tengo que viajar sola. Por eso, prefiero un viaje organizado con un guía que hable español. Eso sí, que no (5) _____. Ya sabes, tampoco tengo tanto dinero. ¡Ah! Quiero que (6) _____. Con tanto trabajo, necesito descansar un poco, ¿no? ¿Tienes algún folleto que pueda mirar para informarme más? Muchas gracias por tu ayuda.

11 **Tu familia** Imagina que un estudiante extranjero viene a pasar un semestre con tu familia. Escoge la opción adecuada para completar cada oración que vas a escuchar.

1. a. que obedecen b. que obedezcan
2. a. que nos cae b. que nos caiga
3. a. que nos dice b. que nos diga
4. a. que trabajan b. que trabajen
5. a. que no se pelea b. que no se pelee
6. a. que tenemos b. que tengamos

12 **Oferta** Contesta las preguntas de Natalia sobre el viaje en oferta que le recomendó la agencia de viajes. Sigue el modelo. Después, repite la respuesta correcta.

> **modelo**
> *Tú escuchas:* Hay museos que puedo visitar, ¿verdad?
> *Tú lees:* no / ningún
> *Tú dices:* No, no hay ningún museo que puedas visitar.

1. sí / varias personas
2. no / ningún instructor
3. no / nunca
4. sí / muchos turistas
5. no / jamás
6. sí / varios
7. no / ni un solo guía
8. no / ningún crucero

Lección 5

Audio Activities

Gramática adicional

5.4 *Pero* and *sino*

1 **Pero o sino** Completa cada oración con la opción correcta.

> sino
> pero
> no sólo… sino que
> sino que
> pero tampoco

1. Yo no quiero viajar mañana, _____ el viernes.
2. Este vuelo no va a Managua, _____ a San Salvador.
3. La excursión es fascinante, _____ peligrosa.
4. Creo que _____ no estamos avanzando, _____ estamos perdidos.
5. No quiero ir al crucero, _____ prefiero recorrer la selva.
6. El campamento no es el sitio más seguro, _____ es peligroso.

2 **Frases** Completa estas oraciones con frases usando **pero** o **sino**.

1. Mis amigos no son salvadoreños, _____.
2. Tengo la impresión de que este hotel es malo, _____.
3. Mis padres querían que yo fuera a Nicaragua, _____.
4. El avión no llegó retrasado, _____.
5. No me lo pasé muy bien, _____.
6. La isla es pequeña, _____.

3 **Tu último viaje** Escribe una breve composición narrando tu último viaje. Incluye información sobre con quién viajaste, dónde fuiste, por cuántos días, qué hiciste y, finalmente, incluye una anécdota de algo que fue divertido, horrible o inesperado. Usa al menos cuatro expresiones de la lista.

> no sólo… sino que   pero   sino
> no sólo… sino también   pero tampoco   sino que

Atando cabos: Lectura

1 **Antes de leer** ¿Qué te gusta hacer en las vacaciones? ¿Te gustan las vacaciones en contacto con la naturaleza? _____

_____

Ecoturismo en el Amazonas

El río Amazonas, que nace en el Perú, pasa por Colombia y Brasil, y desemboca° en el Atlántico, tiene 6.275 kilómetros de longitud. Este río encuentra a su paso casi seiscientas islas. En este territorio selvático, llamado Amazonia, viven muchas comunidades indígenas.

La selva virgen amazónica es un importante destino para los ecoturistas. El turismo ecológico permite conocer, aprender a respetar y, en consecuencia, proteger los recursos naturales de nuestro planeta. El contacto con las comunidades indígenas contribuye a su desarrollo° económico, sin violar su entorno° ni destruir su cultura tradicional.

Hay muchas empresas que organizan viajes de ecoturismo. Puedes hacer una excursión sencilla a uno de los extraordinarios parques nacionales, o pasear por la selva para observar las plantas medicinales y la fauna. Además, puedes pescar, participar en la preparación de alimentos, como el queso, descansar en los tranquilos cruceros, visitar alguna isla y bañarte en los ríos.

Pero si eres más aventurero y atrevido, puedes acampar en la selva virgen, aprender nociones de supervivencia° y practicar deportes extremos, como la escalada, el paracaidismo° y el *rafting*.

desemboca *flows into* **el desarrollo** *development* **el entorno** *environment*
la supervivencia *survival* **el paracaidismo** *parachuting*

2 **Después de leer** Contesta estas preguntas con oraciones completas.

1. ¿Dónde nace y dónde desemboca el río Amazonas?

   _____

2. ¿Qué es la Amazonia?

   _____

3. ¿Qué le permite el ecoturismo al turista?

   _____

4. ¿Qué efecto tienen los programas de ecoturismo en los pueblos indígenas del Amazonas?

   _____

5. ¿Pueden disfrutar del ecoturismo las personas que buscan unas vacaciones tranquilas? ¿Por qué?

   _____

6. ¿Qué ofrece el turismo ecológico a los turistas más aventureros?

   _____

Nombre _____   Fecha _____

Atando cabos: Composición

Imagina que trabajas para una empresa que ofrece programas de turismo ecológico en Centroamérica y debes preparar un paquete (*package*) de una semana para la nueva temporada de primavera.

Preparación

Escribe una lista de los lugares que vas a incluir en tu itinerario. Luego enumera distintas actividades ecológicas y recreativas que se pueden realizar en cada lugar. Piensa también en actividades alternativas para los que prefieren la tranquilidad, y en otros datos interesantes.

Lugares para visitar	Actividades para los aventureros	Alternativas para los que prefieren la tranquilidad	Datos interesantes

Composición

Escribe el texto para un folleto (*brochure*) informativo sobre el paquete. Incluye esta información y continúa tu composición en una hoja aparte.

- una frase o eslogan para atraer al lector
- una descripción del lugar o lugares que se van a visitar y las actividades que se ofrecen cada día
- actividades alternativas para los que prefieren la tranquilidad
- los medios de transporte y el alojamiento
- un dato interesante para atraer la atención de los clientes; puede ser información turística, histórica, una anécdota de algún viajero, etc.
- información de contacto: nombre de la agencia de viajes, tu nombre, número de teléfono y un sitio de Internet

_____
_____
_____
_____
_____
_____
_____
_____

Contextos

Lección 6
La naturaleza

1 Palabras Escribe la palabra de la lista que corresponde a cada una de estas descripciones o definiciones.

ave	cordillera	león	serpiente
cerdo	erosión	oveja	terremoto
conejo	incendio	rata	trueno

1. _____ → el rey de la selva
2. _____ → fenómeno natural por el que la tierra se mueve
3. _____ → un ejemplo es la cobra
4. _____ → un sinónimo de pájaro
5. _____ → el ruido en una tormenta
6. _____ → un grupo de montañas

2 Describir Escribe una descripción o definición de cada palabra.

1. costa → _____
2. bosque → _____
3. desierto → _____
4. mar → _____
5. relámpago → _____
6. paisaje → _____

3 Campo o ciudad ¿Prefieres vivir en el campo o en la ciudad? Escribe las ventajas y las desventajas de vivir en el lugar que tú elijas. Utiliza las palabras de la lista.

| al aire libre | entretenimientos | medio ambiente | promover |
| contaminación | explotar | paisaje | respirar |

Prefiero vivir en: _____

Ventajas	Desventajas

Lección 6 Contextos Activities

Nombre _____ Fecha _____

4 Artículo Lee este artículo sobre la conservación de los recursos naturales y complétalo con las palabras de la lista. Hay una palabra que se repite.

| bosque lluvioso | conservación | contribuir | desarrollo | reciclar |
| combustibles | contaminar | deforestación | paisajes | recursos naturales |

Conservemos nuestros recursos

La comarca de Cibao, en la República Dominicana, quiere promover (*promote*) el (1) _____ del turismo rural a través de una serie de programas de conservación de los (2) _____ de la zona. Especialistas ambientales van a ofrecer talleres (*workshops*) para aprender a (3) _____ la basura y así conservar sus bellos (4) _____ y no (5) _____ el campo con desechos industriales (*industrial waste*). Al enseñar a proteger los árboles y las plantas, este programa también va a (6) _____ a resolver los problemas de (7) _____ del (8) _____. También se enseñará a no (9) _____ y a usar (10) _____ que causan menos daño que la gasolina, como por ejemplo el gasoil y el biodiesel. Este programa de (11) _____ de recursos va a mejorar la zona y atraer más turistas a las áreas rurales.

5 Cierto o falso Indica si estas afirmaciones sobre el artículo anterior son **ciertas** o **falsas**.

Cierto	Falso	
❑	❑	conservación sólo quiere atraer a turistas.
❑	❑	quiere conservar los paisajes.
❑	❑	a ayudar a proteger los bosques lluviosos.
❑	❑	na para educar sobre productos dañinos.
❑	❑	ayuda a proteger a animales en peligro de extinción.
❑	❑	ograma especial sobre energías renovables.

6 Turismo rural Imagina que vas a la zona de Cibao con la escuela para hacer turismo rural. Escribe una postal a tu familia describiendo tu viaje, los lugares que has visitado y las actividades que has practicado. Usa al menos seis palabras de la lista.

a orillas de	conservar	medio ambiente
al aire libre	desaparecer	paisaje
bosque	extinguirse	salvaje

_____
_____
_____
_____
_____
_____

Lección 6 Contextos Activities

Nombre _____ Fecha _____

7 **Identificación** Escucha el siguiente segmento de un programa de noticias. Después, marca las palabras de la lista que se mencionan.

_____ arrecife   _____ olas
_____ costas   _____ relámpagos
_____ sequía   _____ río
_____ huracán   _____ tormentas
_____ inundaciones   _____ truenos

8 **El medio ambiente** La escuela ha organizado tres programas para los estudiantes interesados en conservar y proteger el medio ambiente. Indica a qué programa pertenecen los datos en la tabla.

Datos del programa	Energía limpia	Mar azul	No a la crueldad
1. Buscar alternativas a la energía eléctrica			
2. Mejorar las condiciones para los animales de consumo humano			
3. Educar al público en general			
4. Protección y conservación de especies marinas			
5. Pedir apoyo del gobierno			
6. Vigilar la limpieza de playas y costas			

9 **Para un mundo mejor** Vuelve a escuchar la información sobre los programas medioambientales para voluntarios de la **actividad 2,** y después completa las oraciones.

1. El primer programa se ocupará de organizar _____.

2. El segundo programa es para _____.

3. Explicarán a los empresarios los peligros de _____ en nuestras aguas.

4. Los voluntarios formarán equipos para _____.

5. El tercer programa está dirigido por _____.

6. La mayoría de sus colaboradores están en contra del _____.

Lección 6

Audio Activities

Cuidando a Bambi

Antes de ver el video

1 **¡Uy, qué miedo!** Parece que algo extraño está pasando hoy en la oficina. Describe lo que ves en esta imagen y explica qué crees que está pasando.

_____
_____
_____
_____
_____
_____
_____

Mientras ves el video

2 **¿Cierto o falso?** Indica si estas oraciones son **ciertas** o **falsas**.

Cierto Falso

❑ ❑ 1. A Fabiola le encantan las arañas.

❑ ❑ 2. Mariela cree que la radiación podría exterminar las cucarachas.

❑ ❑ 3. El café que hace Aguayo es especialmente malo.

❑ ❑ 4. Aguayo va de vacaciones a un lugar donde hay mar.

❑ ❑ 5. Mariela va a cuidar el pez de Aguayo.

❑ ❑ 6. A Aguayo le encanta explorar y disfrutar de la naturaleza.

❑ ❑ 7. A Fabiola le fascina la comida enlatada.

❑ ❑ 8. Aguayo colecciona fotos de animales en peligro de extinción.

3 **Bambi** Escucha con atención esta escena sobre Bambi y completa la conversación entre Diana, Fabiola y Mariela.

FABIOLA   Nos quedaremos (1) _____ a Bambi.

DIANA   Ay, no sé ustedes, pero yo lo veo muy (2) _____.

FABIOLA   Claro, su (3) _____ lo abandonó para irse a dormir con las

            (4) _____.

MARIELA   ¿Por qué no le (5) _____ de comer?

DIANA   Ya le he (6) _____ tres veces.

MARIELA   Ya sé, podríamos darle el (7) _____.

Nombre _____ Fecha _____

Después de ver el video

4 **¿Qué es lo correcto?** Selecciona la respuesta correcta para cada pregunta.

1. ¿Qué extraña Johnny? _____
   a. las islas del Caribe
   b. las playas del Caribe
   c. los peces del Caribe

2. ¿Qué está haciendo Éric? _____
   a. fotografiando islas
   b. catalogando fotos de islas
   c. soñando con el Caribe

3. ¿Cuántas fotos de las playas del Caribe ha visto Éric? _____
   a. trescientas
   b. doscientas
   c. cuatrocientas

4. ¿Quién es Bambi? _____
   a. el venadito de Mariela
   b. el pez de Aguayo
   c. un perrito con cara de pez

5. ¿Qué nombre sugiere Fabiola para el pez? _____
   a. Bambi
   b. Bimba
   c. Flipper

5 **¿Qué sabes sobre Bambi?** Contesta estas preguntas.

1. ¿Cuántas veces al día puede comer Bambi?
   _____

2. ¿Qué encontró Fabiola en el escritorio de Johnny?
   _____

3. ¿Por qué quiere Mariela darle la ballenita a Bambi?
   _____

4. ¿Qué hace Mariela para alegrar a Bambi? ¿Por qué?
   _____

5. ¿Quién está celoso (*jealous*) de Bambi? ¿Por qué?
   _____

6 **De campamento** Imagina que eres Aguayo y estás de campamento con tu familia. Escribe una entrada de diario explicando qué hicieron y qué vieron.

_____
_____
_____
_____
_____

7 **Opiniones y preferencias** Contesta las preguntas explicando tu respuesta.

1. ¿Te dan miedo las arañas? ¿Qué haces tú cuando ves una araña? ¿Por qué?
   _____
   _____

2. ¿Qué tipo de alojamiento prefieres cuando sales de vacaciones? ¿Prefieres quedarte en un hotel o acampar? ¿Por qué?
   _____
   _____

Estructura

6.1 The future

1 **La isla** Lee las predicciones de un futurólogo sobre el futuro de una isla caribeña y completa las oraciones con la forma adecuada del futuro de los verbos entre paréntesis.

El futuro no parece muy prometedor para nuestra isla. Un huracán (1) _____ (destruir) muchas partes de la isla y las casas de la costa (2) _____ (desaparecer). Otros desastres naturales (3) _____ (afectar) a la isla. Primero, (4) _____ (haber) una inundación que (5) _____ (arrasar - *to devastate*) la capital. Después, muchas personas (6) _____ (malgastar) el agua porque mucha gente piensa que el agua nunca se (7) _____ (terminar), y esto (8) _____ (provocar) la mayor sequía de la historia de la isla. (9) _____ (nosotros/perder) todos nuestros bosques tropicales porque no (10) _____ (llover). Éste (11) _____ (ser) el futuro aterrador (*terrifying*) de la isla.

2 **Predicciones** Completa esta entrevista con las respuestas que el futurólogo le da a una periodista. Usa oraciones completas y la forma adecuada del futuro de los verbos entre paréntesis.

PERIODISTA Muchas gracias por aceptar esta entrevista. Quiero hacerle unas preguntas. La primera: ¿Qué pasará con los animales de la isla?

FUTURÓLOGO _____ (extinguirse)

PERIODISTA ¿Cómo será el aire?

FUTURÓLOGO _____ (estar)

PERIODISTA ¿Qué harán las autoridades del gobierno?

FUTURÓLOGO _____ (no resolver)

PERIODISTA ¿Y qué pasará con los recursos naturales?

FUTURÓLOGO _____ (agotarse)

3 **Tus predicciones** Piensa en las condiciones medioambientales del lugar donde tú vives y escribe tus propias predicciones sobre estos temas. Usa la forma adecuada del futuro.

| árboles | calentamiento global | erosión |
| basura | capa de ozono | paisaje |

1. _____
2. _____
3. _____
4. _____
5. _____
6. _____

Nombre _____ Fecha _____

4 **Planes sobre el futuro** Indica qué tiempo se usa en cada una de estas oraciones y después cambia las oraciones que se refieren al futuro, siguiendo el modelo.

> *modelo*
> Dentro de dos años vamos a tener cuatro hijos.
> Dentro de dos años **tendremos** cuatro hijos.

Pasado	Presente	Futuro	
❑	❑	❑	1. Ahora vivo con mis padres en Santo Domingo.
❑	❑	❑	2. De niño, acampaba en los bosques de la región amazónica de Perú.
❑	❑	❑	3. Mis padres vendrán para conocerte.
❑	❑	❑	4. En nuestra boda, tocará una banda toda la noche.
❑	❑	❑	5. Encontré un apartamento precioso en la costa de Chile para vivir juntos cuando nos casemos.
❑	❑	❑	6. Nunca dejaré de quererte.
❑	❑	❑	7. Juntos seremos muy felices.
❑	❑	❑	8. Yo vivía con mi mejor amigo.
❑	❑	❑	9. En seis meses, tendremos un carro nuevo.
❑	❑	❑	10. La luna de miel será inolvidable.

_____
_____
_____
_____
_____
_____

5 **Si...** Completa las oraciones con tu opinión sobre lo que pasará si no cuidamos el planeta.

1. Si no reducimos el consumo de energía, _____.
2. Si no conservamos el agua, _____.
3. Si no protegemos a los animales, _____.
4. Si deforestamos los bosques, _____.
5. Si agotamos los recursos naturales, _____.
6. Si cazamos indiscriminadamente, _____.
7. Si desaparecen los arrecifes, _____.
8. Si no reciclamos, _____.

Nombre _____ **Fecha** _____

6 **¿Qué pasará?** Usa el futuro para explicar qué puede estar ocurriendo en cada una de las situaciones. Puedes utilizar las ideas de la lista o inventar otras.

> **modelo**
> Hoy tu carro no arranca (*doesn't start*). Hay algo que no funciona.
> El carro no tendrá gasolina. / La batería estará descargada.

```
(su gato/su conejo) estar perdido      tener otros planes
(él/ella/su perro) estar enfermo/a     no tener ganas
haber un huracán
```

1. María siempre llega a la clase de español puntualmente, pero la clase ya empezó y ella no está.
2. Carlos es el presidente del club ecologista, pero hoy no vino a la reunión.
3. Sara y María son dos personas muy alegres y optimistas, pero hoy están tristes y no quieren hablar con nadie.
4. He invitado a Juan a ir al cine con nosotros, pero no quiere ir.
5. Mañana vas a viajar a una zona tropical. Te acaban de avisar que se canceló tu vuelo.

7 **Campaña informativa** En parejas, imaginen que trabajan para una organización que se dedica a proteger el medio ambiente. Les han pedido que preparen una campaña informativa para concientizar a la gente sobre (*make people aware of*) los problemas ecológicos. Contesten las preguntas y después compartan la información con la clase.

1. ¿Cómo se llamará la campaña?
2. ¿Qué problemas del medio ambiente tratará?
3. ¿Qué consejos darán?
4. ¿Qué harán para distribuir la información?
5. ¿Creen que su campaña tendrá éxito? ¿Por qué?

8 **Horóscopo** En parejas, escriban el horóscopo de su compañero/a para el mes que viene. Utilicen verbos en futuro y algunas frases de la lista. Luego compártanlo con sus compañeros/as.

```
decir secretos          haber sorpresa              recibir una visita
empezar una relación    hacer daño                  tener suerte
festejar                hacer un viaje              venir amigos
ganar/perder dinero     poder solucionar problemas  viajar al extranjero
```

9. El futurólogo
Escucha las predicciones del futurólogo Rapel e indica si cada afirmación es **cierta** o **falsa**.

Los bosques

Cierto	Falso	
❑	❑	1. Desaparecerán casi por completo.
❑	❑	2. No tendrán animales.
❑	❑	3. Serán como un desierto.
❑	❑	4. Tendrán muchos pájaros.

Los océanos

Cierto	Falso	
❑	❑	5. Los mares se quedarán sin agua.
❑	❑	6. Los océanos se contaminarán.
❑	❑	7. No habrá playas limpias.
❑	❑	8. El agua estará llena de basura.

Los seres humanos

Cierto	Falso	
❑	❑	9. Destruirán la naturaleza completamente.
❑	❑	10. No saldrán a pasear.
❑	❑	11. Vivirán felices.
❑	❑	12. No viajarán a otros lugares.

10. Cambiar
Transforma cada oración usando el pronombre que ves como sujeto. Después, repite la respuesta correcta.

modelo
Tú escuchas: Yo protegeré los animales de nuestros bosques.
Tú lees: nosotros
Tú dices: Nosotros protegeremos los animales de nuestros bosques.

1. ella
2. nosotros
3. tú
4. ellos
5. usted
6. yo

11. División del trabajo
La presidenta de un grupo ambiental se queja de lo mal que se hizo todo el mes pasado. Respóndele con oraciones completas. Después, repite la respuesta correcta.

modelo
Tú escuchas: ¡Nadie tomó nota en la última reunión!
Tú lees: de ahora en adelante / Mariana
Tú dices: De ahora en adelante, Mariana tomará nota.

1. esta noche / los nuevos miembros
2. este viernes / yo / también
3. la semana que viene / nosotras
4. en el futuro / tiempo / varias presentaciones
5. la próxima vez / tú
6. el mes que viene / todo

6.2 The subjunctive in adverbial clauses

1 **¿Cuál es?** Elige la conjunción adecuada para completar cada oración relacionada con la ecología.

1. _____ (Aunque/Para que) contaminemos menos, el calentamiento global continúa siendo un tema preocupante.
2. _____ (Tan pronto como/En caso de que) llueva, se reducirá el problema de la sequía.
3. Debemos cuidar los bosques _____ (en cuanto/para que) no se extingan los animales.
4. No se podrá cazar animales _____ (en caso de que/sin que) sean especies protegidas.
5. Empezaremos los programas de reciclaje _____ (en cuanto/aunque) terminen las inundaciones.
6. _____ (Con tal de que/Antes de que) nos demos cuenta, la capa de ozono desaparecerá.

2 **Preocupaciones ecológicas** Completa estas oraciones con el subjuntivo o el indicativo de los verbos entre paréntesis, según el contexto.

1. Tenemos que conservar agua aunque _____ (haber) suficiente agua ahora.
2. Cuando _____ (desaparecer) los bosques, se pierden muchas especies.
3. La gente se preocupará por el calentamiento de la tierra cuando _____ (ser) demasiado tarde.
4. Los carros seguirán contaminando hasta que _____ (encontrarse) mejores combustibles alternativos.
5. Las especies en peligro de extinción comenzarán a recuperarse tan pronto como nosotros _____ (hacer) algo para protegerlas.
6. Los recursos naturales se agotarán a menos que todas las personas del planeta los _____ (conservar).

3 **Peligros y precauciones** Escribe oraciones lógicas con las conjunciones dadas y las palabras de la lista.

atrapar	extinguirse	paisaje
cazar	león	tierra
conejo	morder	venenoso

1. A menos que _____

2. Con tal de que _____

3. Antes de que _____

4. En caso de que _____

Nombre _____ Fecha _____

4 **Planes para el medio ambiente** Completa las respuestas que da la Ministra de Medio Ambiente de Puerto Rico en una conferencia de prensa. Usa las claves que se dan entre paréntesis.

1. ¿Qué hará por el medio ambiente antes de que termine su mandato (*term of office*)?
   (Antes de que) _____
2. ¿Qué proyectos planea hacer con todos los partidos políticos?
   (Luego que/reunirme con ellos) _____
3. ¿Con qué asociaciones ecológicas trabajará?
   (En cuanto/hablar con asociaciones locales) _____
4. ¿Hasta cuándo cree que serán necesarios sus programas de educación ambiental?
   (Serán necesarios hasta que el público) _____
5. ¿Qué está dispuesta a hacer (*willing to do*)?
   (Con tal de que/respetarse la naturaleza) _____
6. ¿Quién continuará su trabajo por el medio ambiente cuando termine su gobierno?
   (Después de que/yo/irme) _____

5 **Campaña electoral** La Ministra de Medio Ambiente de Puerto Rico quiere continuar en su trabajo de ministra. Escribe un discurso convincente que la ayude a obtener el apoyo del público.

A. Para preparar el discurso, haz una lista de cinco proyectos ambientalistas y explica por qué son relevantes.

_____
_____
_____
_____
_____

B. Escribe el discurso con las ideas de la lista anterior. Expande las ideas usando al menos cinco expresiones de esta lista.

| a menos que | cuando | para que | sin que |
| a pesar de que | en cuanto | siempre que | tan pronto como |

_____
_____
_____
_____
_____
_____
_____
_____

Lección 6 Estructura Activities

6 **En el parque** Javier quiere leer los carteles (*signs*) del parque nacional, pero Sol no cree que sean importantes. Completa la conversación con el subjuntivo del verbo indicado.

JAVIER Espera, Sol, quiero leer los carteles.

SOL Es que son muy obvios. No dicen nada que yo no (1) _____ (saber). "Tan pronto como usted (2) _____ (escuchar) un trueno, aléjese de las zonas altas". ¡Qué tontería! ¡Eso es obvio!

JAVIER Sí, pero son importantes para que los visitantes (3) _____ (ser) conscientes de la seguridad.

SOL ¿Y qué tiene que ver este otro cartel con la seguridad? "Para que no (4) _____ (haber) erosión, caminen sólo por el sendero".

JAVIER Bueno, es que algunos carteles son para que la gente (5) _____ (ayudar) a cuidar el parque. Por ejemplo, este otro...

SOL Basta, Javier, estoy harta de estos carteles tan obvios. Si realmente quieren cuidar el parque, ¿por qué no ponen cestos (*bins*) para la basura?

JAVIER Bueno, justamente el cartel dice: "No tenemos cestos para la basura para que los visitantes nos (6) _____ (ayudar) llevándose su propia basura del parque".

SOL Bueno, yo no he dicho que todos los carteles (7) _____ (ser) inútiles.

7 **En casa** Tu hermana insiste en que tu familia colabore para proteger el medio ambiente. Tiene una lista de órdenes que quiere que ustedes cumplan. Escribe cada orden de otra forma, usando el subjuntivo y las palabras que están entre paréntesis. Haz los cambios necesarios.

> **modelo**
> **Usen el aire acondicionado lo mínimo posible. (siempre que)**
> Siempre que sea posible, no usen el aire acondicionado.

1. Cierren bien el grifo (*faucet*) y no dejen escapar ni una gota de agua. (para que)

2. Apaguen las luces al salir de un cuarto. (tan pronto como)

3. No boten las botellas. Hay que averiguar primero si se pueden reciclar. (antes de que)

4. Vayan a la escuela en bicicleta. Usen el carro sólo si hace mal tiempo. (a menos que)

5. En lugar de encender la calefacción (*heating*), pónganse otro suéter. (siempre que)

8 **Conversaciones** En parejas, representen estas dos conversaciones. Usen conjunciones de la lista y recuerden que algunas de estas construcciones exigen un verbo en subjuntivo.

| a menos que | aunque | cuando | hasta que | sin (que) |
| antes de (que) | con tal de (que) | en caso de (que) | para (que) | tan pronto como |

1. Una pareja de recién casados está planeando su luna de miel (*honeymoon*): Ella quiere ir a una isla remota. Él quiere ir a París.

2. Una madre y su hijo: Él tiene su licencia de conducir y quiere una motocicleta.

Nombre _____ **Fecha** _____

9 **Voluntarios para salvar el mundo** Lupita trabaja para una organización ecologista que está preparando un programa de educación medioambiental en las escuelas secundarias. Escúchala y luego completa lo que dice con la información correcta.

Hola, chicos: Soy Lupita y trabajo para la organización ecologista *Jóvenes verdes*. Hoy quiero hablarles de los problemas que tiene el planeta. En primer lugar, el agua será un recurso escaso en las próximas décadas (1) _____ serias medidas al respecto. También debemos proteger los mares y los océanos (2) _____, porque su supervivencia es fundamental para el ecosistema. (3) _____ los servicios de transporte público, nosotros tenemos que exigir (4) _____ de carros que usan combustible alternativo. No podemos seguir ensuciando el planeta sin que nuestra (5) _____. Es necesario tomar medidas drásticas (6) _____. Aunque las medidas para cuidar (7) _____ difíciles de poner en práctica, lo cierto es que nuestro futuro depende de nuestras acciones. Mientras nosotros (8) _____, numerosas especies irán desapareciendo y por eso debemos actuar inmediatamente.

10 **Consejos** Completa las frases con el verbo correcto. Después, escucha y repite la frase correcta.

1. a. cuando recicles	b. cuando reciclas
2. a. cuando vayas	b. cuando vas
3. a. quieras	b. quieres
4. a. cuando destruyas	b. cuando destruyes
5. a. cuando dejes	b. cuando dejas
6. a. no nos quedemos	b. no nos quedamos
7. a. siempre que compres	b. siempre que compras
8. a. contamines	b. contaminas

11 **¿Soy ecologista?** ¿Escucha las preguntas y contesta usando las conjunciones indicadas.

> **modelo**
> Tú escuchas: ¿Utilizas el transporte público o prefieres el carro?
> Tú lees: a menos que / no ser posible
> Tú dices: Utilizo el transporte público a menos que no sea posible.

1. aunque / querer hacer más
2. para que / generar menos basura
3. antes de que / comenzar mi nuevo trabajo
4. tan pronto como / tener tiempo libre
5. antes de que / perjudicar a seres vivos
6. siempre que / poder llegar a tiempo al trabajo

Lección 6 Audio Activities

6.3 Prepositions: *a, hacia,* and *con*

1 **¡Hay que ver el documental!** Empareja las columnas para formar oraciones lógicas.

_____ 1. El documental de televisión sobre los arrecifes empieza
_____ 2. No quiero llegar tarde a casa. Le prometí
_____ 3. Entonces tenemos que caminar ya
_____ 4. Este parque está
_____ 5. Calculo que llegaremos a casa
_____ 6. ¡Qué tarde! Voy a llamar
_____ 7. Afortunadamente es muy fácil comunicarse; siempre salgo de casa

a. a Diana para pedirle que grabe (*record*) el documental en video porque no llegaré a tiempo.
b. hacia las nueve y cuarto.
c. con mi teléfono celular.
d. a una milla de mi casa.
e. hacia la salida del parque.
f. a las nueve en punto.
g. a Diana que íbamos a llegar a tiempo.

2 **Completar** Completa las oraciones con la preposición **a** según corresponda. Si no es necesario usar **a**, escribe una X.

1. ¿Viste _____ las montañas? ¡Son preciosas!
2. _____ mis amigos no les gusta acampar.
3. Este manual explica _____ cómo conservar los recursos naturales.
4. No conozco _____ nadie que no recicle la basura inorgánica.
5. Para ahorrar combustible, voy _____ conducir menos.
6. Siempre le digo _____ Víctor que no use tanta agua.
7. Buscamos _____ estudiantes para la campaña ecológica.
8. ¿Quieren vivir en una ciudad llena de basura? ¿No? Pues, ¡ _____ reciclar!

3 **Oraciones** Combina los elementos para formar oraciones lógicas. En cada una debes usar las preposiciones **a, con** o **hacia** por lo menos una vez. Haz los cambios necesarios.

1. (nosotros) necesitar / ciudadanos responsables / para trabajar / nosotros
_____

2. yo / no gustar / tu actitud negativa / los animales
_____

3. mi interés / la naturaleza / empezar / los años noventa
_____

4. Ignacio / dar de comer / su pez / todos los días
_____

5. tú / querer / hablar / tu novia / sobre la idea de adoptar / un perro
_____

6. ayer / la lluvia / caer / mucha fuerza / todo el día
_____

7. yo / preguntar / Ana / qué hora / llegar / casa / anoche
_____

8. ayer / él / explicar / todos / muchos detalles / las consecuencias de la deforestación
_____

Lección 6 Estructura Activities

4 **Reunión** Completa esta conversación entre el alcalde (*mayor*) de Río Piedras, Puerto Rico, y el presidente de una organización ecologista.

con	con ustedes	con él
con nosotros	conmigo	con ellos

ALCALDE Debemos buscar una solución para terminar (1) _____ el problema de la caza. (2) _____ tanta caza, los animales del bosque van a desaparecer.

ECOLOGISTA Nosotros queremos hablar con los cazadores, pero ellos no quieren reunirse (3) _____.

ALCALDE (4) _____ esa actitud de no querer reunirse, es difícil que ellos colaboren (5) _____. Intentaré llegar a un acuerdo (6) _____. Seguro que ellos sí quieren hablar (7) _____. Llamaré a mi cuñado, él es cazador y (8) _____ se puede hablar (9) _____ más confianza.

ECOLOGISTA Gracias, señor Alcalde. Cuente (10) _____ para lo que necesite.

5 **Conversación** Escribe la conversación que el alcalde de Río Piedras tuvo con su cuñado el cazador. Usa al menos seis expresiones de la lista.

a los animales	a nadie	con cuidado	con nosotros
a los cazadores	con	con ellos	hacia el bosque

_____
_____
_____
_____
_____
_____
_____
_____
_____
_____
_____
_____

6 **Un día horrible** Completa el texto con las preposiciones **a, hacia** o **con**.

Hola, Miguel:

Ayer tuve un día horrible. Casi prefiero no acordarme. Puse el despertador para que sonara (1) _____ las seis de la mañana, pero me dormí y me levanté (2) _____ las siete. Mi primera clase empezaba a las siete y media, así que iba a llegar tarde. Mi profesor es bastante estricto y siempre se enoja (3) _____ los estudiantes que no llegan a tiempo.

Mi día había comenzado mal e iba a seguir peor. Salí de casa y comencé (4) _____ correr (5) _____ la escuela. Cuando estaba (6) _____ la mitad del camino, algo terrible ocurrió. Una señora que estaba (7) _____ mi izquierda no vio la farola (*streetlight*) y chocó (*crashed*) (8) _____ ella. Fue un golpe tremendo. Fui (9) _____ ayudarla, pues se había caído. Tuve que levantarla (10) _____ mucho cuidado porque estaba mareada. Cuando llegó la policía, yo comencé (11) _____ correr otra vez. Entré a clase muy tarde, (12) _____ las ocho y media. ¡Qué locura!

Un abrazo,

Lupe

7 **Carta** Imagina que estás de vacaciones en otro país y le escribes una carta a tu familia contándoles los detalles de tu viaje. Puedes incluir información sobre el horario de las actividades, los lugares que has visitado, las cosas que has hecho y los planes para el resto del viaje. Utiliza por lo menos seis expresiones de la lista.

> **modelo**
> Al llegar a San Juan, fui al hotel con Marta.

al llegar	estaba(n) conmigo	con un guía turístico
a veinte (millas)	con cuidado/anticipación	hacia/a las (nueve y media)
ayudar a	con mi cámara	hacia la playa/el bosque

8 **El guardaparques** Trabajen en grupos de cuatro. Una persona es el/la guardaparques (*park ranger*) y las otras tres son turistas. Algunos turistas no respetaron las reglas del parque y el/la guardaparques quiere saber quiénes fueron. Representen la situación usando la información de la lista y las preposiciones **a, hacia** y **con**.

estar / las dos de la tarde	hablar / otras personas
ir / tanta prisa	contaminar / combustible
dar de comer / los animales salvajes	ir / sacar plantas
envenenar / una sustancia tóxica	ir / otra gente
dirigir / la salida	ver / alguien sospechoso

Nombre _____ Fecha _____

9 **Un viaje diferente** Darío trabaja para una agencia de viajes especializada en turismo alternativo y viajes ecológicos. Selecciona la preposición correcta en cada oración.

1. a / con / hacia
2. a / con / hacia
3. a / con / hacia
4. a / con / hacia
5. a / con / hacia
6. a / con / hacia
7. a / con / hacia
8. a / con / hacia
9. a / con / hacia
10. a / con / hacia

10 **Al teléfono** Escucha la conversación telefónica de Mateo. Completa las oraciones con la información correcta.

1. Mateo llama para _____
   a. hablar con la abuela.
   b. hablar contigo.
   c. hablarle a su madre.

2. Hace varios días la abuela no _____
   a. le habla a su madre.
   b. habla con su hija.
   c. habla con su esposo.

3. La abuela dice que la llamen _____
   a. hacia las ocho.
   b. a las ocho.
   c. a las siete.

4. Mateo quiere ir _____
   a. hacia la isla Culebra.
   b. a la isla Culebra.
   c. con la culebra.

5. La abuela y el abuelo caminaban todos los días _____
   a. hacia la playa.
   b. a la playa.
   c. con su hija.

Gramática adicional

6.4 Adverbs

1 **Completar** Escribe adverbios derivados de estos adjetivos.

1. básico _____
2. común _____
3. enorme _____
4. fácil _____
5. feliz _____
6. honesto _____
7. inmediato _____
8. rápido _____

2 **Sustituir** Sustituye las expresiones subrayadas por los adverbios terminados en **-mente**.

1. Los cazadores de Río Piedras hablaron con el alcalde con tranquilidad. _____
2. El incendio se apagó con rapidez. _____
3. Los ecologistas trataron el problema de la capa de ozono con habilidad. _____
4. El bosque está desapareciendo con lentitud. _____
5. Los ecologistas piden colaboración a las autoridades con insistencia. _____
6. Se aconseja no usar materiales desechables a diario. _____

3 **Consejos medioambientales** Escribe los consejos que todos deberíamos seguir para contribuir a la conservación de los recursos naturales. Usa al menos seis adverbios y frases adverbiales de la lista.

a menudo	así
a tiempo	casi
a veces	de vez en cuando
apenas	por fin

_____
_____
_____
_____
_____
_____
_____
_____
_____

Atando cabos: Pronunciación

Diéresis

As you already know, when the letter **g** is used before the vowels **e** or **i** it sounds like the letter **j**. When it is used before the vowels **a, o** and **u** it sounds like the **g** in **gato**.

Listen to the speaker and repeat each word.

| **gente** | **gimnasio** | **pegamento** | **argolla** | **guajiro** |

In order to maintain the sound of the **g,** as in **gato,** before the vowels **e** and **i,** you need to write a **u** between the **g** and the vowel. This **u** is never pronounced.

Listen to the speaker and repeat each word.

| **despegue** | **guitarra** | **guerrero** | **aguinaldo** |

In words like **pingüino** or **lingüística** the **u** is pronounced. To indicate this in writing, two dots called **diéresis** are added above the **u**.

Listen to the speaker read a few words with **diéresis**. Look at the spelling carefully and repeat each word.

| **bilingüe** | **pingüino** | **cigüeña** | **lingüista** |

The **diéresis** is also necessary when dealing with certain families of words, for example, when conjugating the verb **averiguar** or creating a diminutive from the noun **agua**. In cases like these, when the root word has a **g** pronounced like in **gato**, a **diéresis** is sometimes necessary to maintain the pronunciation of the **u**.

Listen to the speaker read pairs of words. Look at the spelling carefully and repeat each pair.

averiguar → **averigüé**
avergonzar → **avergüenzas**
agua → **agüita**
paraguas → **paragüitas**
antiguo → **antigüedad**

Atando cabos: Lectura

1 **Antes de leer** ¿Existen animales en peligro de extinción en tu país? ¿Se hace algo para protegerlos?

_____
_____
_____

Las islas Galápagos

La fauna de Hispanoamérica es de una riqueza extraordinaria. Lamentablemente, algunas especies animales están en peligro de extinción a causa de la caza y la pesca indiscriminadas, la creciente deforestación y, por supuesto, la contaminación. Sin embargo, todavía se pueden encontrar paraísos en los que la naturaleza se ha salvado de la mano contaminadora del hombre.

En el océano Pacífico, a unos 1.000 kilómetros del Ecuador, se encuentra uno de los ecosistemas más extraordinarios del planeta. Se trata de las islas Galápagos, un archipiélago compuesto por 125 islas e islotes. Su origen volcánico le confiere al paisaje un aspecto de lugar encantado. Pero no es esta cualidad lo que atrae a los visitantes e investigadores, sino las maravillosas especies animales de estas islas.

El nombre del archipiélago proviene de la gran cantidad de tortugas gigantes que habitan allí, llamadas galápagos, y que son únicas en todo el planeta. Las islas Galápagos son un paraíso no sólo para estas tortugas, sino para muchas otras especies animales protegidas, como las iguanas marinas, los piqueros°, las fragatas°, los leones marinos, entre otras muchas especies de reptiles, aves y mamíferos. En 1835, Charles Darwin concibió su teoría de la evolución en estas islas, inspirado en la singularidad de las especies que encontró.

Debido al escaso° contacto que han tenido con el hombre, muchos de los animales del archipiélago no les tienen miedo a los visitantes y se acercan a ellos movidos por la curiosidad. Por ello, y para proteger el medio ambiente, hace unos años se limitó el número de turistas que puede visitar las islas anualmente. A pesar de ésta y otras medidas que se han tomado, algunas de las especies que viven en este ecosistema se encuentran actualmente en peligro de extinción.

piqueros _blue footed boobies_ **fragatas** _frigatebirds_ **escaso** _limited_

2 **Después de leer** Completa estas oraciones con la opción correcta.

1. Algunas especies están en peligro de extinción debido a la caza y la pesca indiscriminadas y a _____.

   a. la deforestación y la contaminación
   b. la deforestación y los incendios
   c. la contaminación y los terremotos

2. Las islas Galápagos están en _____.

   a. el mar Caribe
   b. el océano Atlántico
   c. el océano Pacífico

3. El nombre de las islas proviene de una especie de _____ que vive allí.

   a. lagarto gigante
   b. tortuga gigante
   c. ballena

4. En las islas Galápagos se ha limitado el número de _____ al año, para proteger su medio natural.

   a. visitantes
   b. aves
   c. especies

Nombre _____ Fecha _____

Atando cabos: Composición

Imagina que perteneces a una organización ambiental que trabaja en una campaña de sensibilización (*awareness*) para la protección de espacios naturales. Tú eres el/la encargado/a de escribir un folleto informativo.

PREPARACIÓN

Escribe una lista de los lugares que planeas proteger. Puedes buscar información en las lecturas del libro de texto o en Internet. Luego, escribe otra lista para indicar lo que quieres proteger (animales, plantas, bosques, etc.). Por último, da consejos a los visitantes para que colaboren en la protección de los lugares que seleccionaste.

Dónde proteger	Qué proteger	Consejos y recomendaciones

COMPOSICIÓN

Escribe un folleto informativo para tu campaña de sensibilización. Continúa en una hoja aparte.
- Incluye un eslogan o una cita sobre el medio ambiente para captar la atención del lector.
- Describe el lugar que quieres proteger. Explica dónde está, qué atracciones turísticas naturales tiene, etc. Debes elegir dos o tres espacios naturales.
- Describe qué se necesita proteger en particular y por qué. Usa la información de los artículos del libro de texto y de la lectura de la página anterior.
- Escribe tres consejos prácticos para que todos los visitantes puedan colaborar en la conservación de esos espacios naturales.

_____
_____
_____
_____
_____
_____
_____
_____
_____
_____
_____
_____

Every effort has been made to trace the copyright holders of the works published herein. If proper copyright acknowledgment has not been made, please contact the publisher and we will correct the information in future printings.

Photography and Art Credits
All images © Vista Higher Learning unless otherwise noted.

Workbook
20: Martín Bernetti.